Vers une société plus altruiste

Vers une société plus altruiste

Conversations sur l'altruisme
et la compassion réunissant
sa Sainteté le Dalaï-lama,
des scientifiques et des économistes.

Texte édité par Matthieu Ricard
et Tania Singer

Traduit de l'anglais par Carisse Busquet

Æ
Allary Éditions

Préface
de Sa Sainteté le Dalaï-lama

Nous vivons dans un monde qui est véritablement interconnecté. Dans l'économie mondiale contemporaine, les destins des peuples, par-delà les nations et même par-delà les continents, sont inextricablement liés. Ce niveau d'intégration économique sans précédent a apporté la prospérité à de nombreux pays et a élevé le niveau de vie des gens. Toutefois, il est indéniable qu'il a également creusé un fossé croissant entre les riches et les pauvres, non seulement entre les nations, mais à l'intérieur de celles-ci.

Comment combler ce fossé entre les riches et les pauvres ? Cette préoccupation suscite de nombreuses questions. Peut-on faire quelque chose pour rendre nos systèmes économiques plus équitables ? Le principe de base de notre système capitaliste moderne – à savoir, que la main invisible[1] du marché assure une efficacité durable – est-il encore valide dans l'univers mondialisé d'aujourd'hui ? Dans nos systèmes économiques, y a-t-il encore une place pour une puissante motivation positive en faveur de l'homme, telle que l'altruisme ? Ou bien l'assertion commune selon laquelle un comportement égoïste est plus largement récompensé se vérifie-t-elle ? La croissance mesurée en terme de produit national brut (PNB) est-elle le meilleur indicateur des progrès d'une nation ? Enfin, et c'est sans doute le point le plus important, il nous faut analyser le lien entre les systèmes économiques et notre quête du bonheur.

Plusieurs personnalités se sont réunies à Zurich, en Suisse, sous l'égide de l'Institut Mind and Life, pour débattre deux jours durant de ces sujets, ainsi que d'autres problèmes. La question principale de cette conférence – « Quelle est la pertinence de la motivation pro-sociale et de l'altruisme dans les systèmes compétitifs, comme celui qui domine en Occident ? » – se posait avec une acuité accrue à la lumière de la crise financière mondiale de 2008. Parmi les participants, se trouvaient des psychologues, des spécialistes de la méditation et des neuroscientifiques qui travaillent sur les fondements de la prise de décision économique, la coopération, le comportement pro-social, l'empathie, la compassion, mais aussi d'autres intervenants qui tentent de développer des systèmes économiques novateurs. J'ai eu la chance de participer à ces discussions stimulantes.

Au cours de cette conférence, il est devenu de plus en plus évident qu'il était impératif de repenser fondamentalement le domaine de l'économie, elle doit élargir son horizon, prendre en compte les problèmes de justice, d'une distribution plus équitable, mais aussi considérer ses impacts au niveau social et environnemental. Dans le domaine économique, on assiste à une prise de conscience grandissante de l'importance égale de l'éthique et de la compassion : après tout, l'économie implique l'activité humaine dont le but essentiel est de promouvoir un meilleur niveau de bonheur et soulager la souffrance.

Introduction

Vers une société plus altruiste

(Matthieu Ricard, Tania Singer et Diego Hangartner)

Lorsque nous allumons la télévision ou ouvrons un journal, nous sommes submergés de débats traitant d'une crise financière imminente. La plupart des propositions pour les résoudre ne s'attaquent pas au problème de fond : elles ont pour seul but de faire en sorte que les affaires reprennent leur cours normal. Aujourd'hui nous savons que ce n'est plus la bonne approche et qu'il est nécessaire de repenser nos systèmes économiques et nos actions, tant au niveau individuel que collectif. Se contenter de prévenir une autre crise financière ne suffit pas. Dans le monde entier, des jeunes et des familles, des spécialistes et des travailleurs, des activistes et des politiciens en appellent à une économie plus humaine, durable et équitable. Une économie qui ne privilégie pas les désirs d'une élite mais bénéficie à la communauté mondiale grâce aux valeurs de compassion et d'humanisme, et soucieuse des générations futures et du destin de la biosphère. Un tel système est-il possible ? Quelle forme prendrait-il et comment pourrait-il changer notre monde ?

Des chercheurs de renommée mondiale, issus de

disciplines aussi diverses que l'économie, les neurosciences, la philosophie, les pratiques contemplatives et les milieux d'affaires se sont réunis en Suisse, à Zurich, autour de Sa Sainteté le Dalaï-lama, afin d'approfondir ces questions lors d'une conférence intitulée «Altruisme et compassion dans les systèmes économiques», organisée dans le cadre de l'Institut Mind and Life. La mission de cet institut est de faire dialoguer Sa Sainteté le Dalaï-lama avec des scientifiques, des philosophes et des spécialistes de la méditation, afin de mieux connaître notre esprit et notre monde, et promouvoir le bien-être sur notre planète. Depuis 1987, ces dialogues ont abordé un large éventail de thématiques, depuis la physique, la cosmologie, l'écologie et l'éthique jusqu'aux émotions destructrices et l'éducation[2].

À bien des égards, «Altruisme et compassion dans les systèmes économiques» fut l'une des conférences les plus ambitieuses. Elle a été conçue par la neuroscientifique Tania Singer. En 2006, Tania a rejoint un programme de recherches à l'université de Zurich rassemblant des psychologues, des neuroscientifiques et des économistes qui s'étaient donné pour but d'étudier les fondements de la pro-socialité et de la coopération. À cette époque, des spécialistes de la micro-économie (tels Ernst Fehr, l'un des intervenants de cette conférence*) avaient déjà démontré qu'au cours des échanges économiques, les gens prennent en compte la notion d'équité, bien que les modèles économiques existants soient fondamentalement établis sur des

* Voir chapitres 6 et 10.

motivations égoïstes. Les concepts de compassion et de motivation altruiste, souvent étudiés en psychologie et qui constituent le cœur des pratiques bouddhistes, demeuraient étrangers au savoir économique tout autant qu'au monde de l'économie appliquée. Tania voulait réunir ces différentes disciplines afin d'étudier les possibilités de concilier des systèmes économiques compétitifs avec des valeurs humanistes et une motivation pro-sociale. Elle a donc soumis cette idée à l'Institut Mind and Life, puis rallié Diego Hangartner, directeur de Mind and Life Europe et Matthieu Ricard, moine bouddhiste, traducteur et auteur français. C'est ainsi que s'est élaboré le plan de cette conférence.

Au début, certains chercheurs se sont demandé ce que le bouddhisme et les études contemplatives pouvaient bien apporter à un débat sur l'économie. Ces deux thèmes semblaient divergents ; le premier traite de la compassion, de la simplicité volontaire et de la réduction de la souffrance, tandis que le second concerne la poursuite de la richesse matérielle et des conditions extérieures de confort et de bien-être. Toutefois, ces deux thématiques ont un point commun important : elles sont conçues pour favoriser le bonheur de l'homme. Ont-elles tenu leurs promesses ? Tania, Diego et Matthieu ont voulu savoir ce qui se passerait si l'on croisait ces disciplines au cours de débats réunissant les neurosciences, la philosophie et le monde des affaires. Les participants à cette conférence sauraient-ils concevoir un système économique qui apporterait à la fois prospérité matérielle et bien-être pour les hommes ? Les échanges qui s'ensuivirent ont ouvert des perspectives sur la nature des actions et des systèmes économiques, et offert un nouveau modèle d'*Homo economicus* en tant qu'être fondamentalement pro-social.

Une économie à visage humain

> « Nous commençons toujours par cette prémisse : puisque ce que nous recherchons est le bonheur, les ressources les plus précieuses sont celles qui mènent à ce but*. »

Beaucoup de personnes estiment que l'argent et le bonheur sont inextricablement liés, qu'ils s'accroissent et s'effondrent ensemble. Plus nous avons d'argent et plus nous possédons de biens, plus nous sommes heureux. Inversement, si nous avons moins d'argent et possédons peu de choses, notre bonheur s'en trouve diminué. Cela est vrai jusqu'à un certain point. Les personnes qui sont sorties de la pauvreté absolue et sont en mesure de jouir d'une certaine liberté financière connaissent un niveau de bonheur supérieur à celles qui luttent pour subvenir à leurs besoins les plus élémentaires.

Pendant un certain temps, lorsque le revenu augmente, le bonheur s'accroît également**. Cependant, cet accroissement ralentit et finit par s'arrêter. Depuis les années 1960, les revenus se sont considérablement accrus partout dans le monde mais les niveaux de bonheur ont stagné. Pourquoi ? Ce phénomène

---

* Voir chapitre 7.
** Voir chapitres 8 et 11.

s'explique en partie par la comparaison sociale. Nous avons tendance à évaluer notre réussite individuelle en nous basant sur le revenu moyen de nos semblables, de sorte qu'une augmentation de revenus dans un groupe de gens donné ne mène pas nécessairement à un accroissement collectif du bonheur*. Un tel décalage s'explique également par une vérité fondamentale énoncée par le bouddhisme : le bonheur fondé sur des conditions extérieures, qu'il s'agisse de biens, du niveau de notre compte en banque, ou du statut social, est toujours limité et trompeur.

Pensez au moment où vous avez acheté une nouvelle voiture, au moment où vous avez obtenu une augmentation de salaire. Qu'avez-vous éprouvé ? Après quelques semaines, voire quelques mois, les sentiments d'excitation et de satisfaction ont-ils perduré ? Sans doute pas. Pour la plupart d'entre nous, le problème réside dans le fait qu'au lieu d'en tirer les leçons et de rechercher une source de bonheur plus profonde et plus durable, nous nous trouvons pris dans un cycle de désirs insatiables et d'insatisfactions. En réalité, avoir plus d'argent ne crée pas plus de bonheur, mais simplement le désir d'en amasser davantage, de posséder une nouvelle voiture et d'avoir un salaire encore plus élevé. Ce cycle engendre l'avidité, la cupidité, et parfois même, une volonté de nuire à autrui pour satisfaire nos propres intérêts égoïstes.

Les recherches menées par le psychologue Tim Kasser ont montré que ceux qui ont essentielle-

---

* Voir chapitre 8.

ment des valeurs matérialistes sont moins heureux, manquent d'empathie, ont peu d'amis et sont même en moins bonne santé que ceux qui accordent une plus grande importance aux valeurs intérieures[3]. La théorie économique a pourtant longtemps affirmé que les gens sont fondamentalement égoïstes et que, par conséquent, les économies capitalistes ne peuvent fonctionner qu'en fournissant des occasions de développer leurs propres désirs. Ainsi que l'écrit Adam Smith dans *Recherche sur la nature des causes de la richesse des nations* : « Ce n'est pas de la bienveillance du boucher, du brasseur ou du boulanger que nous attendons notre dîner, mais plutôt du soin qu'ils apportent à la recherche de leur propre intérêt. Nous ne nous en remettons pas à leur humanité, mais à leur égoïsme et ce n'est jamais de nos besoins que nous leur parlons, c'est toujours de leur avantage[4]. »

De même, pour Francis Edgeworth, l'un des fondateurs des théories économiques néoclassiques : « Le premier principe de l'économie veut que tout individu n'est mû que par son propre intérêt[5]. »

Heureusement, l'histoire ne s'arrête pas là. De récentes recherches suggèrent que chacun d'entre nous possède de grandes capacités de compassion, de coopération et d'altruisme, qui seraient peut-être une propension biologique*. Et, à la différence de l'argent, nous pouvons engendrer ces ressources intérieures de

* Voir chapitres 3 et 5.

manière illimitée : «Tout comme l'amour, elles peuvent être infinies*.»

Si nous voulons développer et promouvoir la pratique de l'altruisme, il faut comprendre ce qu'est réellement l'altruisme et comment il assure l'épanouissement humain. Les participants à cette conférence ont découvert que ce lien n'est pas si facile à établir. La psychologie et les traditions contemplatives, telles que le bouddhisme, affirment que l'altruisme est la motivation d'agir pour le bien d'autrui. Cette affirmation permet d'envisager qu'un acte compassionnel puisse aussi avoir un effet positif sur son agent. Tant que l'intention fondamentale est d'aider l'autre et non pas soi-même, il s'agit toujours d'altruisme.

En revanche, les économistes s'intéressent principalement au comportement observé, à l'action plus qu'à la motivation. Imaginons que quelqu'un fasse un don à une œuvre caritative parce que ce geste lui donne le sentiment d'être une bonne personne. Peut-être n'a-t-il fait que remplacer une forme d'action égoïste (obtenir un gain financier) par une autre tout aussi égoïste (obtenir une satisfaction émotionnelle). Pour les économistes comportementalistes et les évolutionnistes, un tel geste relève toujours de l'altruisme.

Imaginons que le boulanger d'Adam Smith soit altruiste. Il voit que vous avez faim et que vous n'avez pas d'argent. Il souhaite soulager votre souffrance en la remplaçant par un bien-être, et vous donne gratuitement du pain. Bien que le boulanger ait perdu un

---

* Voir chapitre 14.

certain revenu dans cette transaction, il a pourtant gagné quelque chose. Quand il voit que vous acceptez son pain, le centre de la récompense est activé dans son cerveau et il éprouve du plaisir*. Son geste lui a également été bénéfique dans la mesure où il a éliminé la cause de sa propre souffrance, à savoir l'expérience douloureuse qu'il y a à observer une personne qui souffre**. Si le boulanger donne du pain sans rien attendre en retour, sa motivation est altruiste, même s'il se sent bien après avoir accompli cet acte. En revanche, s'il donne ce pain pour se sentir bien, pour soulager un sentiment de culpabilité, ou encore éviter d'être critiqué et taxé d'avarice, sa motivation est égoïste. Quoi qu'il en soit, dans les deux cas, quelqu'un qui avait faim a été nourri.

En présence de la souffrance de l'autre, certains peuvent choisir de passer leur chemin afin de ne pas être directement confrontés à une situation pénible. D'autres, en donnant, pensent qu'ils pourraient en retirer un gain financier, ou bien qu'ils risqueraient d'être punis s'ils ne venaient pas en aide***. D'autres encore se bornent à attendre que l'aide vienne d'ailleurs. Il semblerait que nous soyons beaucoup plus doués pour éviter notre propre souffrance que pour soulager celle d'autrui, alors que ce dernier choix est beaucoup plus gratifiant.

Dans ces conditions, comment créer un système au sein duquel les gens contribueraient au bien-être des

---

* Voir chapitre 9.
** Voir chapitre 1.
*** Voir chapitre 6 et 10.

autres de façon directe et régulière ? Nous dépendons tous de contextes sociaux qui affectent grandement nos réussites et nos échecs, nos perspectives et nos décisions. Lorsque l'économie mondiale s'est effondrée en 2008, non seulement les égoïstes qui ont perdu de l'argent ont souffert, mais des personnes charitables ont également été atteintes. En vérité, ce sont les plus démunis qui ont été les plus touchés[6]. Nous ne pouvons plus nous permettre de nous considérer comme des êtres insulaires. Notre bien-être est interdépendant (une autre vérité que le bouddhisme a fait sienne depuis longtemps), et l'est d'autant plus que les cultures, les marchés et les gens échangent des biens et des idées dans le monde entier. Ainsi que l'a affirmé à Zurich Sa Sainteté le Dalaï-lama : « Je dis souvent aux gens que nous devrions éliminer le "ils". Le "nous" devrait suffire. Le monde entier fait partie de nous. Au niveau économique, à tous les plans, nous avons besoin des autres. Je souhaite le bonheur, donc, à cette fin, j'ai besoin de vous*. »

Le monde a besoin d'une réorientation fondamentale de nos systèmes financiers. Nous devons prendre en compte les coûts internes, sociaux, et environnementaux des gains économiques. Tout comme des études menées sur des spécialistes de la méditation ont démontré que l'entraînement de l'esprit est capable de transformer les circuits neuronaux de nos cerveaux[7], dans le domaine économique aussi, il est possible

---

* Voir chapitre 8.

de transcender nos systèmes actuels pour créer une économie plus holistique, plus altruiste.

Pour la majorité d'entre nous, il ne s'agit pas de commencer par donner tout ce que nous possédons, il nous faut d'abord comprendre *comment* donner : les motivations, les circonstances et les modalités qui garantiront la plus grande efficacité à nos dons. Ce ne sera pas simple, mais les recherches présentées dans ce volume nous offrent une raison de fonder de grands espoirs. Elles nous montrent que l'on peut apprendre et développer l'altruisme et que les bénéfices d'une telle démarche sont profonds. Nous pensons qu'il est possible de transformer nos politiques économiques et nos actions en une force orientée vers le bien ; une force qui accomplit à la fois nos aspirations à court et à long terme, autrement dit qui assure la prospérité matérielle et la protection de l'environnement et offre ainsi à tous une satisfaction personnelle pleine de sens.

Résumé des chapitres

Ce livre restitue les échanges qui ont eu lieu lors de la conférence « Altruisme et compassion dans les systèmes économiques », qui s'est tenue à Zurich, en avril 2010. Bien que les transcriptions aient été adaptées et retravaillées de façon à faire ressortir le contenu avec davantage de clarté, cet ouvrage constitue néanmoins une présentation fidèle des événements. L'ouvrage est divisé en trois parties : une première partie scientifique (chapitres 1 à 5), une deuxième partie bouddhiste et économique (chapitres 6 à 10) et une troisième partie qui donne des exemples d'altruisme en action (chapitres 11 à 14). La conclusion expose la synthèse de ces différents points de vue et propose des directions pour l'avenir.

Chaque chapitre est centré sur la communication personnelle d'un participant à la conférence, en respectant quasiment l'ordre des interventions. Seule exception, Tania Singer dont les deux communications ont été réunies en un chapitre (le chapitre 2). Chaque intervenant expose tout d'abord ses recherches et ses projets, puis élargit le débat en proposant une discussion avec les autres participants.

Sa Sainteté le Dalaï-lama et Thuptèn Jinpa, son traducteur anglais de longue date, ont participé à tous les débats. Bien que Sa Sainteté puisse parfaitement suivre les arguments philosophiques et scientifiques complexes et en débattre en anglais, il choisit parfois de s'exprimer en tibétain. Thuptèn Jinpa traduit alors en anglais les propos de Sa Sainteté. Dans ce livre, nous avons reproduit la traduction des interventions de Sa Sainteté selon ses propres termes, sans mentionner le rôle de Jinpa, sauf lorsque ce dernier contribue à la discussion en exposant son point de vue personnel.

Dans le chapitre 1, Daniel Batson analyse la controverse qui oppose l'égoïsme à l'altruisme, en se demandant si les êtres humains n'ont pas toujours une motivation autre que l'intérêt personnel. Dans le chapitre 2, Tania Singer expose les recherches neuronales effectuées dans les domaines de l'empathie, de la compassion et d'autres systèmes motivationnels chez les humains, en s'interrogeant sur nos propres capacités à réguler nous-mêmes ces puissantes émotions. Dans le chapitre 3, Richard Davidson présente les données concernant les différences de comportement pro-social chez les enfants, chez les grands pratiquants de la méditation sur la compassion et chez des débutants ayant entrepris un entraînement de l'esprit à la compassion. Dans le chapitre 4, Matthieu Ricard expose les fondements de l'interprétation bouddhiste de l'altruisme et discute de ses applications possibles en contexte laïc, dans le cadre du personnel soignant. Joan Silk clôt la première partie, dans le chapitre 5, en examinant les exemples d'altruisme chez les primates, dont les facteurs motivationnels peuvent, en fait, ne pas se révéler véritablement altruistes.

Dans le chapitre 6, Ernst Fehr aborde le dilemme social de l'expérimentation qui tente de distinguer la confiance qu'ont les gens dans l'altruisme de l'altruisme authentique; il introduit également l'idée de punition altruiste. Dans le chapitre 7, John Dunne, en tant que bouddhiste, affirme que le véritable bonheur est fondé sur des ressources intérieures et qu'il est possible de le développer de façon illimitée. Dans le chapitre 8, Richard Layard s'interroge sur le fait de savoir si la croissance économique débouche toujours sur un accroissement du bonheur. Dans le chapitre 9, Bill Harbaugh fait le point sur les recherches portant sur le coût économique et les bénéfices psychologiques du don charitable. Il propose la notion de « chaude lueur intérieure » de l'altruisme qui représente une autre motivation importante dans le geste de donner. Dans le chapitre 10, Ernst Fehr revient sur son propos en s'interrogeant sur l'importance de l'altruisme et sa capacité à résoudre les problèmes sociaux. Il relie cette question à la création de biens publics et à leur rôle dans les sociétés équitables.

Dans le chapitre 11, Antoinette Hunziker-Ebneter démontre qu'un investissement judicieux peut engendrer à la fois des profits sociaux, environnementaux et financiers. Dans le chapitre 12, Arthur Vaylovan décrit un programme pionnier de microfinance qui met en relation les riches avec les pauvres afin d'aider les plus démunis à se sortir eux-mêmes de la pauvreté. Dans le chapitre 13, Bunker Roy décrit le « Collège aux pieds nus », un système d'éducation alternatif qui rejette la compréhension élitiste de la connaissance au profit de la sagesse populaire et rurale. Dans le chapitre 14, Bill George examine les qualités des véritables dirigeants : la façon dont ils sont découverts et encouragés, les attentes que nous avons à leur égard et les intérêts qu'ils servent.

Pour conclure, Joan Halifax se joint aux autres intervenants afin de récapituler les discussions de la journée précédente et de traiter des questions qui se sont élevées au cours des débats, tel le rôle de la différence sexuelle et de l'intelligence dans l'altruisme. Pour sa part, Sa Sainteté reconnaît les nombreux signes qui permettent d'espérer un progrès et nous rappelle l'importance capitale qu'il y a à favoriser une éthique laïque. L'ensemble des chapitres brosse un tableau surprenant des possibilités latentes susceptibles de transformer pour toujours notre façon de penser les marchés, les communautés, et de développer notre potentiel humain de compassion, d'empathie et de bonheur.

Ces trois dernières années, de nombreuses avancées se sont produites dans le domaine émergent de la neuro-économie. Plusieurs intervenants à cette conférence ont été invités à participer à des symposiums tels que le Forum économique mondial et le Global Economic Symposium. Citons parmi ces derniers : Richard Davidson, Richard Layard, Ernst Fehr, Bill George, Bunker Roy, Joan Halifax, Matthieu Ricard et Tania Singer. D'autres participants ont collaboré à des projets destinés à accroître le bonheur dans le monde (Richard Layard) ; à apporter l'électricité solaire, à stocker l'eau de pluie, ainsi qu'à des projets d'éducation dans les communautés himalayennes et indiennes (Sa Sainteté le Dalaï-lama, Matthieu Ricard et Bunker Roy). Daniel Batson et Matthieu Ricard ont mené ensemble des recherches complémentaires sur l'altruisme qui ont donné lieu à des publications. Ce sont là quelques-unes des initiatives engagées à la suite de cet événement exceptionnel.

Nous avons eu l'immense privilège de participer à cette conférence révolutionnaire, et c'est avec le même plaisir que nous vous présentons maintenant ce livre. Nous espérons qu'il sera, partout dans le monde, une source d'inspiration pour les lecteurs, les penseurs et les acteurs sociaux souhaitant œuvrer à la création d'un système économique pro-social bénéfique à tous.

PREMIÈRE PARTIE

Recherches scientifiques sur l'altruisme et le comportement pro-social

Chapitre 1

De l'égoïsme et de l'altruisme : une perspective psychologique

(Daniel Batson)

Daniel Batson, psychosociologue expérimental, professeur émérite à l'université du Kansas est l'auteur de Altruism in Humans *[L'altruisme chez les êtres humains] (Oxford University Press, 2011). Ses recherches se concentrent sur l'existence de la motivation altruiste, les conséquences de la religion sur le comportement et la nature des émotions morales.*

La communication de Daniel Batson consiste en une analyse du débat qui oppose l'égoïsme à l'altruisme. Il remet en question le présupposé occidental si répandu selon lequel les hommes sont toujours motivés par l'intérêt personnel ; pour ce faire, il fournit la preuve expérimentale que l'altruisme existe et qu'il provient du sentiment de sollicitude empathique à l'égard d'autrui. Dans la discussion qui suit, les intervenants comparent les recherches de Daniel Batson aux conceptions bouddhistes qui ont élaboré des méthodes destinées à développer l'altruisme et les possibilités de l'étendre à des inconnus et à des membres de groupes extérieurs au nôtre.

Votre Sainteté, je sais que vous êtes intimement convaincu que l'altruisme et la compassion jouent un rôle crucial dans la vie humaine, et que vous avez consacré de nombreuses années de votre pratique spirituelle à développer ces qualités. Il est donc possible que vous soyez surpris d'apprendre que la pensée occidentale, en particulier dans les domaines de la psychologie et de l'économie, discute et doute profondément de l'existence même de l'altruisme et de la compassion. La conviction que toute action humaine, quels que soient sa noblesse et son désintéressement apparents, est motivée par l'intérêt personnel et l'égoïsme reste prédominante. Les individus se poseraient toujours la même question : « Qu'est-ce que ça va me rapporter ? » Mes collègues et moi-même, en qualité de chercheurs en psychologie, avons tenté d'aborder ce problème pour vérifier si notre conception occidentale est fondée.

J'aimerais commencer par le débat qui oppose l'égoïsme à l'altruisme. Permettez-moi d'expliquer le sens de ces termes. Dans notre contexte, l'égoïsme est un état motivationnel dont la finalité ultime est d'accroître notre propre bien-être. Il s'oppose à l'altruisme qui se définit comme un état motivationnel dont la finalité ultime est d'accroître le bien-être de l'autre. Ce que j'entends ici par « finalité ultime » n'est pas un objectif premier et définitif, mais plutôt ce qu'une personne cherche véritablement à obtenir dans une situation donnée. Cette intention diffère d'un but instrumental qui est un objectif que l'on poursuit en tant que moyen pour parvenir à une autre fin. Il s'agit là d'une distinction importante parce que l'égoïsme comme l'altruisme peuvent motiver un comportement d'aide et de coopération, d'un coût parfois très élevé. Toutefois, la théorie égoïste affirme que tous les actes de bonté envers autrui ont pour finalité ultime d'accroître le bien-être individuel de son auteur. On peut, par exemple, vouloir simplement se donner une bonne image de soi-même, éprouver un sentiment de chaude lueur intérieure*, ou éviter de ressentir de la culpabilité.

Une question se pose alors : les humains sont-ils réellement capables d'altruisme ? Dans la pensée occidentale, le point de vue qui prédomine est celui de l'égoïsme universel. La Rochefoucauld en donne une définition éloquente : « L'amitié la plus désintéressée n'est qu'un commerce où l'amour-propre se propose toujours quelque chose à gagner[8]. » Il ne s'agit pas simplement de profits matériels et de punitions ; on peut être « gagnant » en évitant une sanction sociale ou personnelle qui se présenterait sous la forme de critiques ou de culpabilité. Les « gains » peuvent également consister en récompenses d'ordre social ou personnel, comme de recevoir des éloges ou de se sentir valorisé.

Autre hypothèse : vous venez en aide afin de réduire votre propre détresse provoquée par la vue des souffrances d'autrui. Un tel geste relève d'une motivation égoïste, parce que le but est toujours de se faire du bien. À cet égard, Bernard Mandeville, philosophe et économiste anglais, adopte une position extrême : « Il n'y a point de mérite à sauver un petit enfant innocent

*. Voir chapitre 9.

sur le point de tomber dans le feu. Cette action n'est ni bonne ni mauvaise ; et si utile qu'elle ait été à l'enfant, nous ne l'avons faite que pour nous satisfaire ; car de le voir tomber sans essayer de l'arrêter nous aurait causé une douleur que l'instinct nous a obligé à éviter[9]. »

Ce point de vue dominant sur l'égoïsme est-il fondé ? Selon l'hypothèse qui oppose l'égoïsme à l'altruisme, la sollicitude empathique engendre une motivation altruiste. Je ne revendique certainement pas la paternité de ce postulat. Charles Darwin en avait déjà proposé une version. Au cours de l'histoire, d'autres penseurs ont soutenu cette idée qui a toujours représenté un point de vue minoritaire dans la pensée occidentale. La « sollicitude empathique » ferait référence à une émotion tournée vers autrui et provoquée par le fait de voir l'autre en état de besoin ; il s'agit d'un sentiment orienté *vers* cette personne. Il ne s'agit donc pas de se sentir *comme* celle-ci. La sollicitude empathique suppose des sentiments de sympathie, de compassion et de tendresse pour l'autre. C'est un état différent de la détresse personnelle déjà citée – notre douleur à la vue du bébé qui tombe dans le feu – qui est une émotion orientée vers soi-même.

Nous avons la preuve que la sollicitude empathique est associée à un accroissement du désir d'aider. Mais cette preuve, en elle-même, montre simplement que l'empathie engendre une motivation ; elle ne dit rien sur la nature de cette motivation. S'agit-il d'une motivation égoïste ou altruiste ? Lorsque nous venons en aide à quelqu'un, si nous y parvenons, nous lui avons fait du bien, mais nous en avons retiré également des bénéfices personnels. La théorie égoïste prétend que le bienfait qu'en retire le bénéficiaire n'est qu'instrumental : un moyen d'utiliser la finalité ultime pour nous faire du bien. Ainsi, un avocat de l'égoïsme prétendra que lorsque nous éprouvons une sollicitude empathique pour quelqu'un qui souffre, nous souffrons, nous aussi. Nous sommes donc motivés par le besoin de réduire notre propre douleur. Il s'agit d'un réflexe analogue à celui de la détresse personnelle dans la mesure où la motivation est de nous faire du bien, même si cette motivation est engendrée par un sentiment de sollicitude empathique.

Pour l'altruiste, faire du bien à autrui est notre finalité ultime. Nous sommes préoccupés par le bien-être de l'autre. Certes, nous en retirons des bénéfices. Nous éprouvons un sentiment de contentement personnel, et nous sommes sans doute heureux que l'autre se sente mieux ; nous évitons en outre de nous sentir coupables – mais ces bienfaits ne représentent que des conséquences involontaires qui ne constituent pas la raison d'être de notre action. Nous agissons ainsi parce que nous voulons venir en aide à l'autre, et non pour nous faire du bien. La difficulté est de savoir comment déterminer ce qu'est la finalité ultime pour une personne dans une situation donnée. Quand vous agissez pour aider autrui, s'agit-il d'un but instrumental ou d'une finalité ultime ?

Afin d'illustrer la manière dont mes collègues et moi-même avons tenté de résoudre ce problème, j'aimerais brièvement exposer une procédure expérimentale qui permet de savoir si la motivation déclenchée par la sollicitude empathique est de soulager notre propre malaise ou non. Lors de cette expérience, des étudiantes observent individuellement une autre étudiante, Elaine, en train d'accomplir une tâche de mémorisation. Les observatrices ne connaissent pas Elaine. Sa tâche consiste à essayer de répéter une série de chiffres à une assistante de recherche. Elaine reçoit des décharges électriques à intervalles irréguliers pendant son exercice ; le but prétendu de l'expérience est d'étudier l'effet d'une situation déplaisante sur l'accomplissement d'une tâche donnée. Il va de soi qu'elle ne reçoit pas vraiment de chocs électriques. Chaque participante observe Elaine sur un écran individuel qui, en réalité, diffuse une vidéo préalablement enregistrée. Environ à mi-parcours de l'expérience, l'assistante interrompt la procédure parce qu'il est évident que les décharges deviennent très pénibles pour Elaine. Cette dernière explique alors qu'il lui est sans doute très difficile de supporter ces chocs en raison d'un traumatisme qui remonte à l'enfance, lorsqu'elle fut projetée sur une clôture électrique à la suite d'une chute de cheval. Elaine se trouve maintenant dans un état de réelle détresse, mais affirme vouloir continuer l'expérience.

À ce moment-là, on donne aux observatrices une chance d'aider Elaine en prenant sa place ; c'est-à-dire effectuer la tâche de mémorisation et recevoir les décharges électriques. La moitié des étudiantes, si elles ne prennent pas la place d'Elaine, peuvent continuer à observer l'exercice. Nous appelons cette consigne l'*échappatoire difficile*. L'autre moitié des étudiantes est libre de partir si aucune ne prend la place d'Elaine.

Elaine poursuivra l'expérience, mais elles ne sont pas obligées d'en être témoins. C'est ce que nous appelons l'*échappatoire facile*. L'idée qui sous-tend cette expérience est la suivante : si la sollicitude empathique est fondée sur une motivation égoïste, alors, dans le cas de l'échappatoire difficile, les participantes devraient se sentir obligées de venir en aide à Elaine car c'est la seule façon de mettre un terme au stimulus qui provoque leur inconfort. Dans le cas de l'échappatoire facile, elles peuvent tout simplement partir ; il y a donc peu de chances qu'elles lui viennent en aide. Au contraire, si la sollicitude empathique engendre une motivation altruiste dont le but est de soulager la douleur d'Elaine, les participantes devraient être prêtes à l'aider, que l'échappatoire soit facile ou difficile.

Afin de vérifier ces deux hypothèses contradictoires, nous avons ajouté un autre élément à cette expérience. Nous avons présupposé que l'observation des réactions douloureuses d'Elaine aux décharges électriques induisait chez les participantes des sentiments ambivalents d'inconfort et de malaise – la détresse personnelle – et de sympathie ou de bienveillance orientée vers autrui – la sollicitude empathique. Nous avons faussement induit l'idée chez la moitié des participantes des deux groupes correspondant aux deux situations d'échappatoire (difficile et facile) d'attribuer leurs sentiments de bienveillance et de sympathie à un médicament qu'on leur avait demandé de prendre à l'occasion d'une autre expérience (il s'agissait en fait d'un placebo à base de farine de maïs). Les membres du premier groupe (échappatoire difficile) rapportèrent avoir surtout éprouvé une détresse personnelle liée à l'observation des réactions d'Elaine. De même, nous avons induit les participantes de l'autre moitié des deux groupes à attribuer faussement leurs sentiments d'inconfort et de malaise au médicament, mais celles-ci déclarèrent avoir surtout éprouvé de la sollicitude empathique.

Nous avons établi que les participantes chez qui la détresse personnelle était prédominante étaient bien moins disposées à venir en aide à Elaine si l'échappatoire était facile plutôt que dans le cas où elle s'avérait difficile. C'est le type de réponse auquel nous nous attendions chez les participantes dont la motivation était égoïste. Et tel fut donc le cas. Mais qu'en était-il des participantes dont la sollicitude empathique était la motivation dominante ? Pour elles, le fait que l'échappatoire soit facile ou difficile ne faisait aucune différence. Un pourcentage élevé d'entre elles ont décidé d'aider dans les deux cas. (Voir figure 1.). Ce schéma est en accord avec l'hypothèse de l'empathie altruiste. Si votre but est d'accroître le bien-être de l'autre, s'enfuir n'est pas la réponse. La seule façon d'y parvenir est de se mettre à la place de l'autre.

Il y a toutefois d'autres interprétations relevant de l'égoïsme susceptibles d'expliquer ces résultats. Ainsi, lorsque la motivation des participantes était d'éviter d'éprouver un sentiment de culpabilité, on obtient le même schéma. Mais d'autres expériences indiquent que la motivation engendrée par une sollicitude empathique n'a pas pour finalité ultime d'éviter la culpabilité. Nous avons mené plus de trente-cinq expériences pour examiner les différentes réactions relevant de l'égoïsme. Les résultats de ces expériences n'ont validé aucune des solutions égoïstes qui avaient été avancées par les autres chercheurs. Toutes nos données confirment l'hypothèse de l'empathie altruiste. Notre conclusion préliminaire est donc que le répertoire motivationnel humain ne se limite pas à l'égoïsme ni à l'intérêt personnel. La sollicitude empathique engendre véritablement une motivation altruiste qui est, de fait, extrêmement puissante. C'est pourquoi je pense que si l'on veut comprendre le comportement humain, et même les systèmes économiques, il nous faut prendre en considération la notion d'altruisme induite par l'empathie.

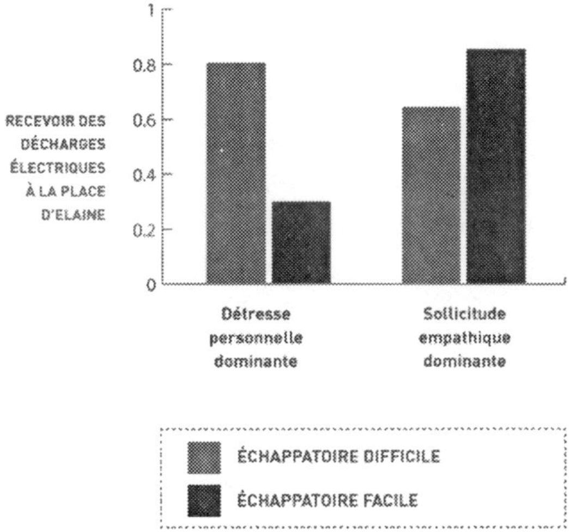

Figure 1. L'empathie opposée à l'altruisme : Les conditions d'échappatoire ont affecté de manière très différente les participantes incitées à ressentir de la sollicitude empathique pour Elaine et les autres. Les participantes chez lesquelles la détresse empathique était dominante étaient bien moins disposées à lui venir en aide lorsque l'échappatoire était facile, ce qui est l'indicateur d'une motivation égoïste, centrée sur soi. Par contre, les participantes chez lesquelles dominait la sollicitude empathique étaient tout aussi disposées à aider lorsque l'échappatoire était facile, ce qui indique une motivation altruiste, centrée sur l'autre.

Comment faire l'expérience d'une motivation altruiste induite par l'empathie ? Deux conditions me semblent indispensables : accorder de l'importance au bien-être d'autrui et percevoir ses besoins. Je pense que le processus commence par le fait d'accorder de la valeur au bien-être de l'autre. Même si vous percevez la situation de détresse de l'autre, si vous n'accordez aucune valeur à son bien-être, vous n'engendrerez pas un sentiment de sollicitude empathique. Toutefois, si les deux conditions sont réunies, elles déboucheront sur ce sentiment de sollicitude qui est lui-même à l'origine de la motivation altruiste, du moins sous cette forme. Maintenant, ma question est la suivante : comment ce point de vue se rattache-t-il à la conception bouddhiste de la compassion ?

Thuptèn Jinpa : Dans la pratique bouddhiste, il existe une forme de compréhension similaire dans le processus du développement de la compassion. Par exemple, l'un des éléments clés de l'expérience de la compassion envers une personne est la faculté d'être sensible à celle-ci, ce qui permet d'établir un lien avec elle. C'est sur cette base que naît le sentiment d'être confronté au caractère insoutenable de sa souffrance. Ces éléments mènent à la compassion.

Dalaï-lama : Lorsque nous, bouddhistes, parlons des êtres sensibles, nous les désignons par la formule : *nos mères, les êtres sensibles*. Ce qui signifie que les autres vous sont aussi chers que votre propre mère. Nous essayons donc de développer d'abord la perception de l'autre comme étant un être qui nous est cher.

Daniel Batson : Ce qui est lié au fait d'accorder de l'importance au bien-être de l'autre. Ensuite, la perception de son état de détresse débouche sur la sollicitude empathique.

Thuptèn Jinpa : Selon la compréhension bouddhiste, le processus consiste tout d'abord à développer la perception de l'autre comme un être cher et digne de bienveillance. Puis, en associant cette première perception de l'autre à celle de ses besoins, vous développez la motivation de lui venir en aide, ce qui mène au réel comportement altruiste, c'est-à-dire à l'action.

Daniel Batson : Il semble que nous concevions vraiment ce processus de la même manière, même si ce que je désigne par *altruisme* est la motivation qui à son tour engendre ce comportement de bienveillance.

Joan Halifax : Daniel, est-ce que cette thèse est valable uniquement pour quelqu'un qui fait partie de votre propre groupe, comme votre famille ou votre village, ou bien s'étend-elle à une personne qui est stigmatisée, qui fait partie d'un autre groupe, ou même aux membres d'un pays contre lequel vous êtes en guerre ?

Daniel Batson : Des recherches ont été menées sur cette question. Il est certain que nous avons tendance à accorder de l'importance à ceux qui nous sont proches et à ressentir davantage de sollicitude empathique pour eux. Toutefois, il semble que cette sollicitude puisse aller au-delà de l'appartenance à un groupe spécifique, surtout si vous demandez aux gens de se concentrer sur les souffrances des autres et d'y réfléchir. Nous faisons ce type de recherche notamment dans le cadre de ce que nous appelons *adopter la perspective de l'autre*, qui consiste à essayer d'imaginer ce que l'autre ressent et comment il ou elle est affecté(e) par la situation de détresse. Je sais que la tradition contemplative bouddhiste s'appuie davantage sur la réflexion et la maîtrise de la pensée, en considérant automatiquement l'autre comme sa mère, ou comme son enfant. Si l'on parvient à faire en sorte qu'une personne adopte la perspective de l'autre, il semble que l'on puisse également susciter une sollicitude empathique. Nous avons constaté que nous pouvons appliquer cette perspective aux membres d'un groupe extérieur, aux gens stigmatisés, aux sans-abri. Cette forme de bienveillance pourrait être étendue à tous ceux envers lesquels on n'éprouve pas d'antipathie. Au-delà de quoi on perd la perspective de l'importance du bien-être d'autrui.

Dalaï-lama : Je tiens toujours à préciser que notre discussion traite simplement de la science bouddhiste et, dans une certaine mesure, de ses concepts. Tous deux peuvent être universels. La religion bouddhiste concerne principalement les pratiquants. Toutefois, du point de vue d'un pratiquant bouddhiste, il est très important de reconnaître si l'amour, la compassion, le sentiment de bienveillance sont fondés ou non sur l'attachement. Tant que la sympathie, ou attitude altruiste, est fondée sur l'attachement, elle demeure très limitée. De plus, cette forme d'affection ou de bonté fondée sur l'attachement change facilement. La veille, vous vous sentez concerné par le sort d'une personne. Le lendemain, vous lui voulez du mal, parce que telle est la nature de l'attachement. Afin d'effectuer cette pratique de bonté, il faut donc tout d'abord cultiver un détachement de telle sorte qu'il n'y ait plus de différence entre un ennemi et un ami. Vos amis sont des êtres sensibles qui veulent le bonheur et qui ont le droit d'y accéder. Votre ennemi bénéficie également de ce même droit. Donc, votre sentiment de sollicitude doit être fondé sur cette compréhension : telle est la perspective bouddhiste.

Vous avez mentionné que la nature humaine est fondamentalement égoïste. Mais quel est le sens exact des termes « égoïste » et « intéressé » ? On peut dire qu'au sens large, l'égoïsme n'est que le sentiment d'un « je ». Ce « je » est le centre de l'univers ! Il est présent en nous à chaque instant. Selon le bouddhisme, même le Bouddha a ressenti cette forme d'égoïsme. Le Bouddha avait ce sentiment naturel qui lui a fait dire : « Je suis ». Toutefois, ce sentiment d'un « je » comporte de nombreux niveaux. Si l'on veut pratiquer l'altruisme, il nous faut avoir un fort sentiment du soi. Cette forme de sentiment du soi est le fondement de la volonté, la base de l'enthousiasme et de la confiance. Néanmoins, à un autre niveau, ce sentiment du « je » ou « moi » engendre l'attachement. Et une fois que l'attachement est là, la haine est là aussi. Ainsi, les gens, les êtres sensibles, développent une forme d'attachement envers ceux qu'ils considèrent comme des personnes chères qui leur sont également utiles. L'attachement crée une impression de proximité qui engendre un sentiment de préoccupation, une forme d'altruisme. Mais le fait même qu'il soit fondé sur l'attachement vous empêche de l'étendre à votre ennemi, ou même à des gens qui vous sont indifférents.

Je pense que cet aspect-là concerne les bouddhistes, et non pas la grande majorité des gens. D'autres traditions religieuses ont des enseignements similaires. Dans les religions théistes, le concept de créateur tel que je le comprends va dans le même sens : développer la foi envers Dieu et considérer tous les êtres comme ses créatures. Vous êtes tous issus de la même source, et vous vous en remettez totalement à Dieu. Cette attitude réduit donc l'égoïsme. En effet, si tous les autres proviennent de cette même source, il n'y a pas de raison d'établir une distinction entre « mon ami » et « mon ennemi ». Si vous poussez le raisonnement plus loin, « mon ennemi » a également été créé par Dieu.

Daniel Batson : Permettez-moi de revenir sur une chose que vous avez dite au début de votre intervention, à savoir que nous avons tous des motivations égoïstes, autrement dit intéressées. C'est tout à fait vrai. Je pense que c'est une clarification utile ici, parce que les travaux de recherche qui démontrent que nous avons des motivations altruistes ne prouvent en aucun cas que nous sommes dénués de motivations intéressées. Nous en avons, c'est sûr et, dans la plupart des circonstances, les deux sont à l'œuvre. Mais il est important de reconnaître cette motivation altruiste ; la faculté de se préoccuper du bien-être d'autrui semble réellement faire partie de notre nature.

Thuptèn Jinpa : Pour vous donner un exemple, en contexte bouddhiste, nous parlons de la plus haute forme de l'état mental altruiste que l'on appelle l'*esprit d'Éveil*, ou *bodhicitta*. Le bodhicitta se caractérise par deux aspirations. L'une consiste à atteindre le plein éveil pour le bien de tous les êtres sensibles ; c'est donc une détermination orientée vers les autres, une attitude qui les prend en considération. Mais il existe en même temps l'aspiration à accomplir son propre éveil. Donc, même dans ce contexte-là, il faut reconnaître que l'on est en présence d'un intérêt personnel.

Chapitre 2

L'empathie et le cortex insulaire

(Tania Singer[10])

Depuis 2010, Tania Singer, chercheuse en neurosciences, est directrice du Département des neurosciences sociales à l'Institut Max-Planck de neurologie et sciences cognitives humaines, à Leipzig. Ses recherches portent sur les fondements neuronaux, hormonaux et développementaux de la connaissance sociale, les facultés de régulation de l'émotion ainsi que sur le rôle de la motivation et de l'émotion dans la prise de décision sociale. Elle étudie également les effets de l'entraînement de l'esprit et de la méditation sur le cerveau et la plasticité subjective et comportementale. Tania fait partie du comité de l'Institut Mind and Life.

La communication de Tania expose les voies neuronales qui sous-tendent les systèmes émotionnels et motivationnels ainsi que les émotions sociales et la compassion. Elle montre comment le cerveau humain permet aux gens de partager leurs sentiments et met en évidence les circuits neuronaux qui sous-tendent un comportement social tel que la confiance. Sa Sainteté, Matthieu Ricard, Tania et Thuptèn Jinpa posent la question de savoir si la méditation peut nous permettre d'agir sur les processus biologiques.

Pour commencer j'aimerais définir certains termes que je vais utiliser dans ma communication. Lorsque nous parlons de phénomènes tels que l'empathie, la compassion et leurs états corollaires, nous commençons d'ordinaire par définir un état appelé *contagion émotionnelle*. L'un des exemples classiques de la contagion émotionnelle est celui-ci : dans une clinique, lorsqu'un bébé se met à pleurer, il provoque les pleurs de tous les autres nouveau-nés de l'établissement. C'est comme si vous perceviez et partagiez les émotions de quelqu'un sans savoir qu'elles proviennent de cette autre personne. Dans la contagion émotionnelle, il n'y a pas de distinction entre soi et autrui, comme c'est le cas des bébés qui ne font pas la différence entre leur mère et eux-mêmes. Pour que naisse l'empathie, il faut qu'existe cette différenciation soi/autrui. Cette distinction est au cœur de la question suivante : « Les animaux ressentent-ils de l'empathie et de la compassion, ou bien manifestent-ils simplement une contagion émotionnelle ? » Lorsque des singes sont enfermés dans une cage et que l'un d'entre eux lance un appel de détresse, les autres font de même. Ce comportement ne signifie pas forcément que ces singes éprouvent une sollicitude empathique ou des sentiments de compassion ; il est possible qu'ils fassent simplement l'expérience d'une contagion émotionnelle.

J'aimerais définir un autre terme important : l'empathie. Ce mot désigne la faculté de partager indirectement un sentiment avec une autre personne. Vous avez mal, donc j'ai mal. Je partage un sentiment analogue au vôtre. Mais, en même temps, je sais que la douleur que j'éprouve n'est pas la mienne ; je sais que je ressens indirectement votre détresse. Dans ce cas, par opposition à la contagion émotionnelle, il y a une distinction nette entre soi et l'autre. Cette faculté de partager les émotions d'autrui ou d'éprouver de l'empathie pour lui n'est pas nécessairement associée à une motivation ou à un comportement pro-social. La motivation prosociale exige que l'on se préoccupe du bien-être de l'autre, que l'on y veille, ce qui engendre un comportement pro-social, un comportement qui, pour l'autre, est bénéfique.

Par exemple, si j'entre trop fortement en résonance émotionnelle avec votre douleur au point que j'en vienne à ressentir une détresse personnelle, ma préoccupation va consister à réduire ma propre souffrance ; dans ce cas, je peux même m'éloigner de vous ou être en colère parce que vous avez eu un impact trop négatif sur moi. Cette attitude engendre une réaction qui est à l'opposé d'une motivation et d'un comportement pro-sociaux.

Maintenant, j'aimerais établir une distinction entre empathie et compassion. Dans le cas de la compassion – ce que Daniel Batson appelle *sollicitude empathique*, et que d'autres dénomment *sympathie* –, vous êtes réellement préoccupé par le sort de l'autre. Lorsque vous êtes confronté à sa souffrance, vous ne partagez pas forcément le même sentiment mais, au lieu de cela, vous éprouvez un sentiment de chaleur humaine et d'amour. Donc, vous n'éprouvez pas simplement *ce que* la personne ressent, (ce qui est le cas de l'empathie), mais vous éprouvez plutôt un sentiment orienté *vers* cette personne, et vous avez la motivation de soulager sa souffrance. Je pense que cette démarche se rapproche beaucoup de la notion bouddhiste de compassion, et que cette distinction entre empathie et compassion est cruciale.

Dans le domaine des neurosciences sociales, nous établissons également une distinction entre les différentes voies neuronales qui sous-tendent notre capacité à comprendre les sentiments et les pensées de l'autre. L'empathie et la compassion dépendent d'un circuit neuronal affectif qui permet la compréhension de l'autre. Quoi qu'il en soit, il existe un autre système de circuits neuronaux qui favorise une compréhension plus cognitive des pensées et des croyances des gens, que nous désignons par l'expression : *adopter la perspective cognitive de l'autre*, ou *Théorie de l'esprit*. Il s'agit de la faculté de comprendre par inférence cognitive les états mentaux de l'autre.

Un exemple va sans doute clarifier la différence qui existe entre ces deux faits. Les psychopathes et certains criminels font preuve d'une excellente inférence cognitive, bien qu'ils manquent totalement d'empathie. Ils savent comment manipuler les gens en acquérant une bonne compréhension de leurs besoins et de leurs intentions. Toutefois, la résonance empathique avec la souffrance de l'autre leur fait cruellement défaut. Par conséquent, ils font preuve d'un comportement antisocial plutôt que pro-social. Cet exemple illustre comment le fait d'adopter la perspective cognitive de l'autre et l'empathie peuvent être dissociés en psychopathologie, et montrent que ces circuits neuronaux dépendent de réseaux différents dans le cerveau.

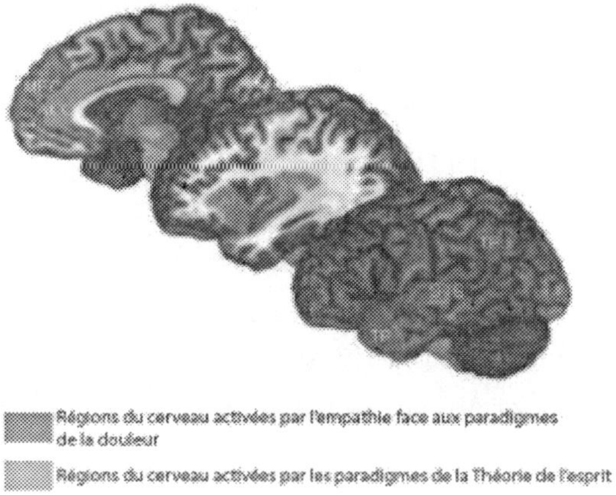

Figure 2 : Comprendre les émotions d'autrui
Cette image montre que les principales régions impliquées lorsque l'on entre en empathie avec la souffrance des autres sont le cortex cingulaire antérieur (ACC), l'insula antérieure (AI) et le cortex somatosensoriel secondaire (SII). Les principales régions impliquées lorsque l'on adopte la perspective de l'autre, ou Théorie de l'esprit, sont la jonction temporo-pariétale (TPJ), le sillon temporal supérieur (STS), les lobes temporaux (TP) et le cortex préfrontal médian (MFC).

J'aimerais vous montrer ici un exemple de la façon dont nous mesurons l'empathie en neurosciences à l'aide des techniques d'imagerie cérébrale telles que l'IRMf. Pour réaliser cette expérience, nous avons demandé à un couple de s'installer dans le scanner. Chaque conjoint reçoit de brèves décharges électriques intermittentes par le biais d'électrodes attachées à ses poignets. Tous deux peuvent voir un écran sur lequel apparaît brièvement une flèche qui indique lequel des deux conjoints reçoit en temps réel le stimulus pénible. Ce dispositif nous a permis de mesurer non seulement les réponses cérébrales d'une personne qui éprouve de la douleur, mais aussi la réaction de l'autre personne qui ne reçoit pas de stimulus physique, mais qui sait que son conjoint est en train de souffrir.

Cette expérience a mis en évidence le fait que le réseau neuronal qui sous-tend le traitement de notre propre douleur est également activé lorsque nous savons que notre conjoint fait l'expérience de la douleur. Ce réseau se trouve dans une région du cerveau que nous appelons le *cortex insulaire* – ou *intéroceptif* – parce qu'il enregistre tout ce qui se passe dans le corps et les ressentis qui en résultent. Cette partie du cerveau est, par exemple, informée des changements de notre rythme cardiaque et respiratoire, mais aussi des perturbations que nous ressentons sous l'effet de la peur ou de la colère. Cette aire cérébrale est associée à toutes sortes de sensations et de ressentis émotionnels, y compris ceux de la douleur et du sentiment de dégoût. Il s'avère donc que le cortex insulaire joue un rôle crucial dans le traitement de nos propres sensations et ressentis aussi bien que dans le traitement de ceux qu'éprouve une autre personne. La figure 3 illustre comment ces deux processus sont associés.

Lorsque vous voyez des visages exprimant la souffrance, ou des aiguilles plantées dans une main, le même réseau neuronal est activé, comme si vous étiez vous-même en train de gérer votre propre douleur, même si vous n'en êtes pas conscient. Ces réponses sont automatiques et très rapides. Cela signifie que nous sommes tous beaucoup plus interconnectés que nous ne le pensons ; nous nous représentons les états

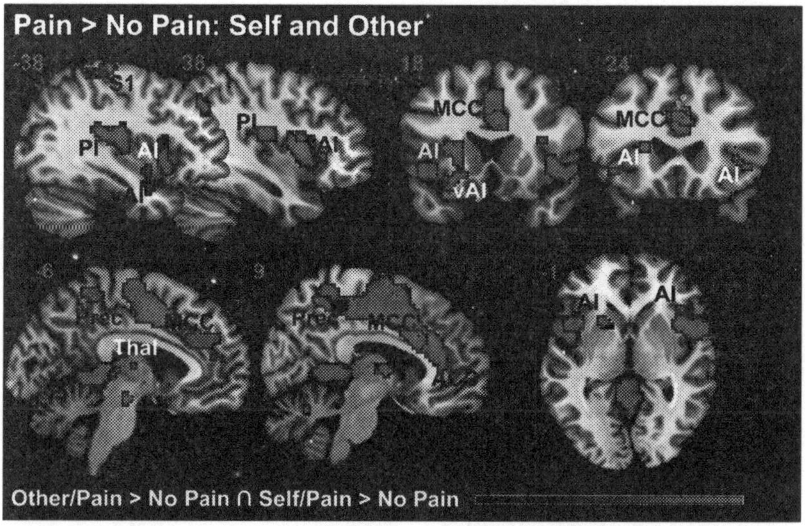

Figure 3. Douleur et empathie : Cette figure montre les découvertes des méta-analyses réalisées à partir de nombreux clichés d'IRM concentrés sur les réseaux du cerveau qui sous-tendent l'empathie éprouvée pour la douleur (Lamm *et al.*, 2011). Les régions du cerveau figurant en gris sont activées lorsqu'un sujet traite des stimuli douloureux. Les régions du cerveau figurant en blanc sont activées lorsque le sujet entre en relation empathique avec une autre personne qui reçoit des stimuli douloureux.

Les aires d'activation commune – c'est-à-dire, celles qui sont activées quand le sujet éprouve de la douleur et lorsqu'il fait l'expérience de la douleur d'une autre personne – incluent l'insula antérieure (AI) le cortex cingulaire antérieur et médian (MCC/ACC), le précuneus (Prec), et le thalamus (Thal). Les aires qui sont uniquement activées lors de l'expérience personnelle de la douleur sont l'insula postérieur (PI), le cortex somatosensoriel primaire (S1) et de larges parties du cortex cingulaire médian et antérieur (MCC/ACC).

émotionnels des autres dans nos cerveaux, sans même en être conscients.

Maintenant la question qui se pose est la suivante : si notre cerveau est programmé pour ressentir une telle résonance affective et un tel sentiment d'interconnexion avec autrui, pourquoi ne sommes-nous pas en permanence dans un état d'empathie avec tout le monde ? Quelles sont les conditions qui bloquent les réponses empathiques, ou même qui engendrent

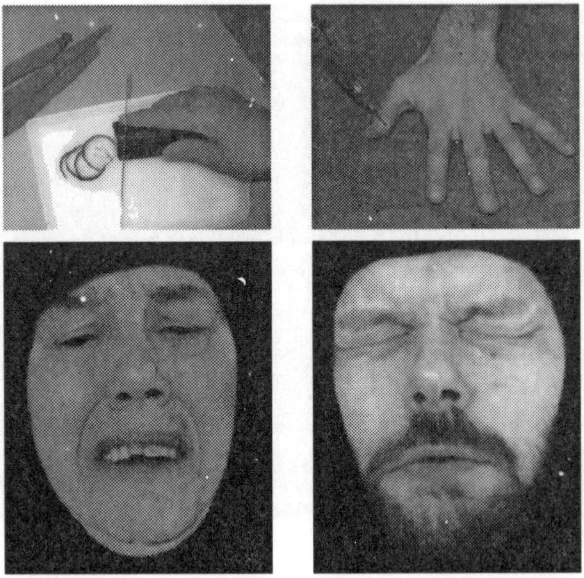

Figure 4 : Nous voyons ici deux visages grimaçant de peur ou de douleur, ainsi que des mains percées et coupées par des objets tranchants.

leur contraire, créant ainsi le sentiment opposé de malveillance. En allemand, le terme *Schadenfreude* désigne le fait de se réjouir de la souffrance d'autrui au lieu de la partager. Nous avons observé ce sentiment de joie malveillante lors d'expériences réalisées en laboratoire qui faisaient appel à des jeux d'échanges monétaires. Nous parlerons plus en détail de ces jeux par la suite, mais disons pour l'instant qu'il s'agit de participants qui échangent de l'argent, une transaction qu'ils peuvent effectuer de manière honnête ou malhonnête. Au terme de plusieurs échanges de ce jeu monétaire, nous avons mesuré les réponses cérébrales empathiques des participants, alors qu'ils observaient d'abord des joueurs honnêtes, puis des joueurs malhonnêtes en train de recevoir des stimuli douloureux. C'était une expérience analogue à celle de l'empathie éprouvée face à la douleur, que je viens d'expliquer en l'illustrant avec l'exemple du couple. Toutefois, nous avons ici évalué les réponses cérébrales des participants occupés à observer un joueur sympathique et honnête auquel on infligeait une douleur, et ensuite leurs réponses lorsqu'ils regardaient un joueur désagréable et malhonnête recevant les mêmes stimuli douloureux.

Cette expérience montre une différence dans les schémas de réponses empathiques entre les hommes et les femmes. On observe chez les hommes une réponse empathique à la souffrance d'une personne qui joue honnêtement. Mais lorsqu'ils observent une personne malhonnête en train de recevoir des stimuli douloureux, un signal est activé dans une partie spécifique de leur cerveau appelé le noyau accumbens, qui est associé aux sentiments de récompense et de plaisir (cette partie du cerveau est aussi activée lorsque vous vous apprêtez à manger un délicieux morceau de chocolat). Nous avons également distribué des questionnaires aux participants. Plus le désir de revanche exprimé dans ce questionnaire était fort, plus le signal de récompense était élevé chez les hommes lorsqu'ils voyaient la personne malhonnête souffrir.

En revanche, on a observé chez les femmes des réponses cérébrales empathiques aussi bien lorsqu'elles observaient des joueurs honnêtes ou malhonnêtes en train de recevoir des stimuli douloureux. Bien qu'elles aient exprimé dans le questionnaire une antipathie à l'égard des joueurs malhonnêtes, on ne décelait pas chez ces dernières la même intensité du signal de récompense associé aux sentiments de revanche et de malveillance, ou *Schadenfreude*. Chez la plupart des femmes, l'intensité du signal de récompense associé aux sentiments de revanche et de joie malveillante était beaucoup moins forte.

Lors d'une autre expérience qui portait sur la perception qu'avaient les membres d'un même groupe envers ceux d'un groupe étranger, nous avons observé une modulation d'amplitude analogue des signaux cérébraux de l'empathie dans le cortex insulaire. Dans ce cas, nous avons mesuré les réponses cérébrales empathiques de participants en train d'observer une personne en proie à la douleur, sujet qu'ils percevaient comme appartenant à leur propre groupe (un supporter de leur équipe de football), par opposition à quelqu'un qui appartenait à un autre groupe (un supporter de l'équipe rivale). Nous avons mis en évidence le fait que nous éprouvons davantage d'empathie pour des personnes que nous percevons comme faisant partie de notre propre groupe que pour des membres d'un groupe étranger.

L'empathie et la joie malveillante fondent deux systèmes de motivations antagoniques. Si l'activité d'un système est élevée, celle de l'autre sera faible. De plus, nous avons montré que lorsque l'activation cérébrale liée à l'empathie est élevée, l'on est davantage disposé à aider quelqu'un qui souffre. Par contre, si la joie malveillante est élevée, l'on s'abstiendra d'apporter de l'aide. Donc, les signaux cérébraux de l'empathie enregistrés dans le cortex insulaire prédisent un comportement d'aide, tandis que les signaux témoignant d'un sentiment malveillant permettent d'anticiper l'absence de comportement pro-social. En fait, les signaux cérébraux sont des indicateurs plus fiables que les déclarations d'intention. Les gens ne sont pas toujours honnêtes quand il s'agit d'admettre leurs différences d'attitude envers les membres de leur propre groupe et ceux d'un autre groupe.

Ces expériences montrent également qu'il est facile de passer d'un système motivationnel à un autre, de l'empathie à la revanche. Il est important de souligner que les sujets de ces expériences sont des adultes sympathiques, sains, d'un haut niveau d'éducation. Passer de l'empathie à la joie malveillante ne dépend que d'un léger changement dans les directives que nous fournissons (instructions qui déterminent la perception d'un sujet comme faisant ou non partie d'un même groupe), ou d'une expérience antérieure (dans le cas des joueurs honnêtes ou malhonnêtes). La double question qui se pose alors est la suivante : « Comment pouvons-nous surmonter cette tendance à oblitérer facilement l'empathie ; et le fait de développer la compassion peut-il remédier à cette propension biologique humaine ? »

Une série d'expériences sur l'empathie nous a également appris autre chose : les gens qui ne comprennent pas leurs émotions et leurs propres états d'esprit (que nous appelons alexithymiques) montrent un manque d'activation des régions cérébrales liées à l'empathie.

Afin de témoigner de l'empathie envers l'autre, il nous faut tout d'abord comprendre nos propres émotions et nos états corporels. Un entraînement au développement de l'empathie devrait donc commencer par l'apprentissage de la reconnaissance et de la compréhension des états émotionnels et corporels.

Au terme de cet exposé principalement consacré aux recherches dans le domaine de l'empathie, j'aimerais maintenant vous montrer certains travaux qui ont pour thème la compassion. Nous considérons l'empathie comme le précurseur de la compassion. Mais pouvons-nous mesurer les réponses cérébrales associées à la compassion indépendamment de celles liées à l'empathie ? Richard Davidson développera plus longuement ce sujet*, mais nous avons essentiellement travaillé avec des pratiquants bouddhistes chevronnés afin de découvrir quelles sont les aires du cerveau qui sont associées à l'état de compassion et de bonté. Nous n'avons pas seulement demandé à ces pratiquants d'entrer et de sortir de ces états spécifiques, mais aussi de réguler l'intensité de leur compassion de façon à la ressentir dans une proportion de 30, 60 ou 100 %, de la même façon que lorsque vous cuisinez, vous réglez le four à feu doux, moyen ou fort. Cela peut paraître étrange d'un point de vue bouddhiste, mais pour nous, il était très important de mesurer la faculté d'une personne à moduler l'émotion comme un thermostat.

Nous avons observé que le cortex insulaire et d'autres zones du cerveau impliquées dans l'affiliation

*. Voir chapitre 3.

à un groupe et la récompense sont fortement activés pendant les états de bonté et de compassion. Nous avons également constaté que les pratiquants expérimentés sont parfaitement capables de moduler ces états et les réseaux neuronaux qui les sous-tendent, et de passer d'un état où ils éprouvent 30 % de compassion, puis 60 % et enfin 100 %. Nous étions stupéfaits : quel extraordinaire contrôle de l'esprit !

Ensuite nous avons voulu savoir s'il était possible d'apprendre à développer la compassion et la bonté à des personnes ordinaires qui n'avaient pas pratiqué la méditation en retraite pendant des années. Serait-il possible d'observer des changements dans le cerveau – c'est-à-dire avoir la preuve de la plasticité du cerveau dans les circuits neuronaux associés à la compassion – au terme d'une seule semaine d'entraînement chez des gens qui n'avaient jamais pratiqué auparavant ? Et voilà la bonne nouvelle : on peut l'espérer ! Nous avons mené différentes expériences avec des personnes qui n'étaient absolument pas familiarisées avec la méditation. Au cours de la toute première expérience, nous avons cherché à savoir si nous pouvions améliorer leur capacité d'activation des circuits neuronaux associés à la compassion grâce à une nouvelle technique d'IRMf en temps réel, qui leur permettait d'avoir le *feedback* de leur activité cérébrale alors même qu'ils étaient en train de pratiquer la méditation sur la compassion.

Au bout d'un jour de sensibilisation et de pratique de la méditation sur la bonté et d'entraînement intensif dans le scanner avec le *biofeedback*, nous avons observé chez l'un des novices une activation cérébrale très semblable à celle que nous avions constatée chez nos pratiquants chevronnés. Le premier jour de l'entraînement dans le scanner, une autre participante novice a eu du mal à moduler son activité neuronale pour tenter de développer des états de bienveillance. Mais, le second jour, après avoir reçu un entraînement intensif de la technique du *biofeedback*, elle était capable d'activer les circuits neuronaux associés aux états de bonté d'une manière beaucoup plus contrôlée. Des études ultérieures ont montré que même sans le recours au *biofeedback* visible dans le scanner, au terme d'une seule semaine d'entraînement à la bonté, on observait chez ces participants novices un accroissement de l'activité cérébrale dans les mêmes circuits neuronaux que nous avions identifiés auparavant chez les pratiquants de longue date.

Nous avons également été très étonnés de constater l'ampleur des différences qui existaient chez les sujets quant à leurs capacités à développer la compassion et la bonté. Certaines personnes y parviennent très bien, tandis que d'autres éprouvent beaucoup plus de difficultés. Il serait très intéressant pour nous de savoir pourquoi il en est ainsi.

Thuptèn Jinpa : Votre protocole expérimental qui exige de moduler l'intensité de la compassion me laisse très perplexe. La compassion est le résultat d'un entraînement. Une fois que vous êtes parvenu à un certain point de développement, c'est un sentiment

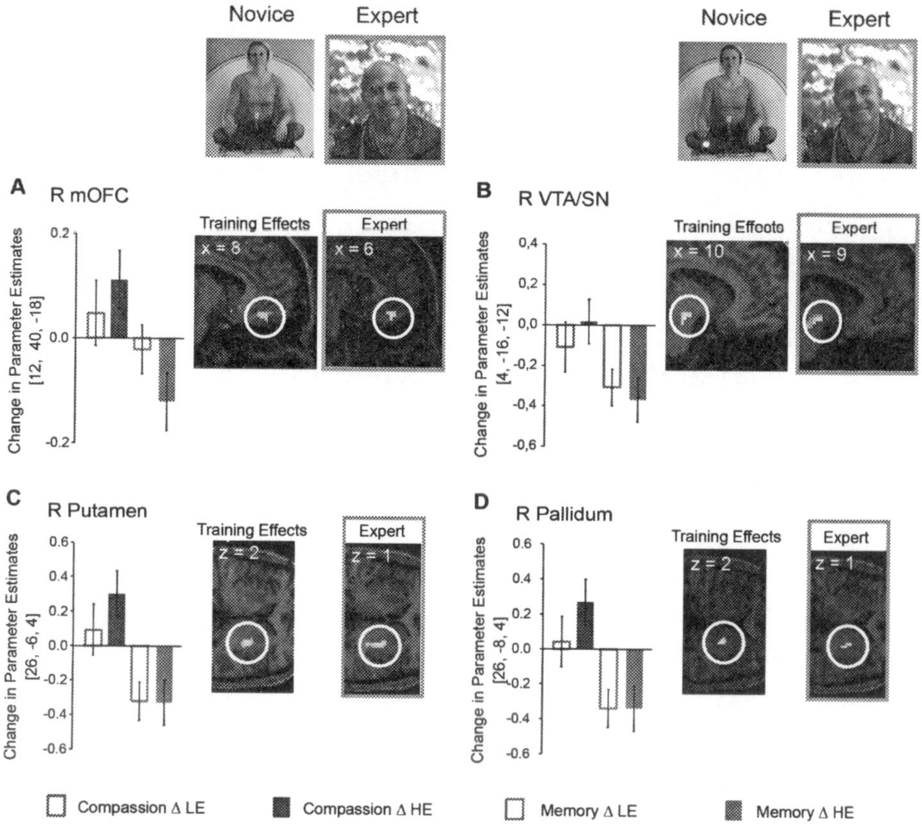

Figure 5 : Plasticité de la compassion dans le cerveau

Cette figure montre les effets d'une semaine d'entraînement à la compassion sur le cerveau. Le groupe a reçu un entraînement sur des techniques de mémorisation.

On a présenté aux sujets novices non entraînés à la compassion des clips vidéo d'une grande intensité émotionnelle.

Par comparaison avec celles qui n'avaient reçu qu'un entraînement sur la mémoire, les personnes ayant été entraînées une semaine à la compassion ont révélé une plus forte activation dans (A) le cortex orbitofrontal médian droit (mOFC), (B) l'aire tegmentale ventrale droite et la substance noire (VTA/SN), (C) le putamen droit et (D), le pallidum droit. Ces résultats sont visibles sur le scanner cérébral, à gauche.

Les images du scanner cérébral sur la droite montrent les activations neuronales d'un pratiquant chevronné obtenues lorsqu'il s'absorbe dans de profonds états de compassion.

spontané qui s'exprime naturellement, sans entrave. On ne peut pas parler de niveaux de compassion.

Matthieu Ricard : Il est évident qu'il s'agit d'un processus expérimental artificiel. Le but même de cette expérience était de voir s'il était possible de moduler l'intensité avec laquelle vous vous concentrez sur la souffrance d'autrui et développez de la compassion à son égard. Lorsque vous imaginez avec acuité la souffrance de l'autre, la compassion s'élève. Un processus se met en place au cours duquel la compassion naît et s'amplifie jusqu'à atteindre toute sa plénitude. Si vous êtes distrait au cours de ce processus, la compassion décroît et revient ensuite. Il y a donc des degrés et des variations. Il est bien sûr artificiel de l'augmenter ou de la faire décroître volontairement. Dans la réalité, vous ne voulez pas que votre compassion décline, mais dans le cas de cette expérience, nous le faisions pour que le chercheur puisse la mesurer.

Tania Singer : Lors de cette étude préliminaire, d'une part, nous voulions connaître la configuration du réseau neuronal de la compassion et de la bonté ; d'autre part, nous voulions étudier la capacité des gens à apprendre à réguler leurs émotions sociales. Du point de vue de la recherche en psychologie, il est très important de comprendre comment on peut apprendre à contrôler ses émotions. La structure du cerveau qui régule l'émotion est toujours la même, quelle que soit l'émotion. Que vous entraîniez quelqu'un à augmenter la régulation de la compassion ou à diminuer l'intensité de la colère ou de la peur, apprendre à moduler cette structure lui permettra de mieux contrôler toutes ses émotions.

Permettez-moi maintenant de vous présenter une autre série de recherches qui traitent également des systèmes émotionnel et motivationnel ainsi que de la façon dont nous pouvons les contrôler afin de parvenir à équilibrer nos émotions et notre santé. Cette recherche n'étudie pas seulement les réponses du cerveau, mais l'influence des hormones et des neuropeptides sur les émotions et les comportements sociaux, comme la confiance. Des travaux récents ont montré que si l'on administre à des personnes certaines hormones ou certains types de neuropeptides, comme ceux qui diminuent le sentiment de peur ou accroissent la confiance, le comportement social peut changer. J'aimerais surtout montrer comment cette série de recherches est liée à celles sur la compassion dont je viens de parler.

D'une manière générale, on distingue trois types de systèmes de motivation principaux à l'œuvre dans le cerveau. Le premier est ce que nous appelons le système de recherche ou de désir, c'est-à-dire un système focalisé sur l'incitation. Celui-ci est associé au fait de vouloir, de poursuivre une tâche, d'accomplir, de consommer ; il est lié au dynamisme, à l'excitation et à l'impatience. Plusieurs émotions corrélées à ce système sont positives, comme le sentiment d'euphorie et le désir de vouloir davantage.

Un autre système, capital du point de vue de la

survie, est le système de la peur, focalisé sur la menace. Il agit très vite dans notre cerveau quand nous percevons un danger. Par exemple, dans mon cas, j'ai peur des araignées. Quand j'en vois une, ce système réagit et je me mets à crier. Il est impliqué dans les émotions de colère, d'anxiété, de dégoût et de panique. Il peut déclencher une réponse de stress dans le corps qui est associée à un accroissement du niveau de cortisol. Ce qui implique que si vous vivez dans un état de peur chronique, vous risquez de tomber malade. Mais, en temps normal, ce système s'adapte bien aux circonstances et, si nous sommes en danger, il déclenche des sentiments d'autoprotection et de recherche de sécurité.

Le troisième système – que nous avons tendance à oublier dans notre société occidentale – est celui du soin ; il est focalisé sur l'affiliation. Tous les animaux en sont dotés. Il joue un rôle prépondérant dans la relation mère-enfant, dans le rapport à l'autre, l'amour et la satisfaction. Les systèmes centrés sur l'incitation et sur l'affiliation sont tous deux associés à des sentiments positifs ; le premier est lié à une forte excitation et le second à la détente. Qu'est-ce qui active le système de soin ? On a découvert qu'il est déclenché chez les primates par le toilettage des petits. Il est également associé à la libération d'une hormone peptidique appelée ocytocine. Des recherches ont montré que le massage active également la sécrétion d'ocytocine ; c'est la raison pour laquelle nous éprouvons une sensation de calme et d'apaisement lorsque nous nous faisons masser.

Il est intéressant de constater que le comportement pro-social peut être activé par chacun de ces trois systèmes. Vous pouvez être motivé à agir de façon pro-sociale pour des raisons de statut social, de peur ou par souci de l'autre. J'aimerais vous donner un exemple de la façon dont nous avons étudié l'interaction du système de soin avec celui de la peur afin de vous montrer comment ils interagissent.

La partie de notre cerveau que l'on appelle amygdale[11], joue un rôle crucial dans notre système d'alarme et de peur. Une activation élevée des amygdales peut déclencher un stress corporel ; toutefois, l'ocytocine a une fonction régulatrice qui diminue leur activité. L'ocytocine a un rôle prépondérant chez les animaux dans la relation mère-enfant, pour ce qui est des soins et de l'attachement. Si vous pratiquez une ablation des récepteurs de l'ocytocine dans le cerveau des loups des prairies, ils cessent de tisser des relations de soins avec leurs congénères. L'ocytocine est donc un neurotransmetteur extrêmement important dans l'établissement des liens sociaux et de l'attachement. Si l'on donne de l'ocytocine par aérosol nasal à des humains, les études d'imagerie cérébrale montrent que cette hormone réduit la peur liée à l'activation des amygdales. Par exemple, si je vois une araignée après avoir inhalé de l'ocytocine, je me sentirai mieux que lorsque je vois quelque chose qui, d'ordinaire, m'effraie. Nous avons fait des expériences sur le sentiment de confiance. Ernst en parlera plus tard en détail*, mais disons briè-

*. Voir chapitre 6.

vement que nous avons découvert que si l'on administre de l'ocytocine à des personnes avant qu'elles ne prennent une décision qui implique la confiance en l'autre (il s'agit, le cas échéant, d'avoir confiance dans le fait qu'un étranger vous rendra une certaine somme d'argent au cours d'un échange monétaire), leur tendance à les croire augmente de façon significative.

Dalaï-lama : Ces expériences montrent que les différentes émotions dépendent entièrement de processus biochimiques qui se déroulent dans le cerveau. Dans le bouddhisme, l'un des buts de la pratique consiste à essayer de réduire cette dépendance. Au fur et à mesure que croît la puissance de l'esprit, celui-ci ne dépend plus totalement d'éléments physiques ou de processus biochimiques. Je pense que ça vaut vraiment la peine de tester l'ocytocine sur Matthieu. Mais vous devez d'abord lui donner une garantie : que ce test ne nuira pas à sa pratique ! C'est un point important. Sinon, on en fait un vrai cobaye ! (Rires.)

Tania Singer : Savoir si l'on peut induire ce même processus par la pratique spirituelle est une question fondamentale.

Dalaï-lama : Est-ce qu'il y a actuellement des recherches qui sont faites sur ce qui se passe dans le cas de l'hypnose ? L'hypnose n'implique pas le recours aux hormones…

Tania Singer : C'est une excellente question. Je ne

sais pas. Nous savons par contre que l'on peut réduire la douleur par hypnose. Celle-ci active le système opioïde qui est également associé au repos et au système de soin.

Votre Sainteté, j'ai une question à vous poser : est-ce que l'induction et le développement de la compassion sont un outil plus efficace que la prise d'ocytocine, parce qu'il est évident que dans la vie quotidienne nous ne vaquons pas à nos occupations avec des flacons d'ocytocine dans nos poches ? Nous essaierons également de répondre à cette question dans notre laboratoire. Si la compassion active ce système, réduit-elle à la fois la sensation subjective de douleur et celles de peur et d'anxiété ? Est-ce une hypothèse plausible ?

Dalaï-lama : Oui, absolument. Selon moi, l'entraînement de l'esprit bouddhiste agit sur ces processus non pas en réduisant la sensation et les émotions que l'on éprouve mais plutôt en élargissant le champ de conscience de telle sorte que l'on est en présence d'une compréhension plus vaste de l'ensemble du problème. Lorsque nous entrevoyons un but plus important, nous avons la tendance et la volonté de lui sacrifier des buts mineurs. Donc, la méditation amenuise la sensation de douleur. Toutefois, d'un point de vue bouddhiste, nous ne considérons pas qu'il y ait réduction de l'intensité même de la douleur, mais que l'esprit n'est plus exclusivement focalisé sur la sensation douloureuse, parce qu'en lieu et place de celle-ci, il concentre toute son attention sur l'objet de la méditation. C'est pourquoi, chez une personne en proie à l'inquiétude ou à une douleur physique, on observe fréquemment que faire un pique-nique ou écouter une très belle musique diminue, pendant ces moments-là, sa sensation de douleur. C'est une sorte de réorientation du point de focalisation de la conscience.

Tania Singer : C'est très intéressant. Nous allons effectuer des recherches dans ce sens et nous espérons vous faire part de nos résultats lors d'une prochaine conférence.

Chapitre 3

Les bases neuronales de la compassion

(Richard Davidson)

Richard Davidson est professeur de psychologie et de psychiatrie, directeur du Waisman Laboratory for Brain Imaging and Behavior [Laboratoire Waisman d'imagerie cérébrale et comportementale] ; il est le fondateur et le président du Center for Investigating Healthy Minds à l'université de Wisconsin-Madison. Membre du comité directeur de l'Institut Mind and Life depuis 1991, il a été l'un des premiers chercheurs à étudier scientifiquement l'effet des pratiques contemplatives sur le cerveau.

Richard présente ici des données sur le fondement neurologique des différences d'empathie, d'altruisme et de comportement pro-social chez les enfants, les pratiquants maîtrisant parfaitement la méditation sur la compassion ainsi que chez des sujets novices qui ont simplement suivi un entraînement à la compassion. Sa recherche montre une corrélation claire entre les niveaux d'activation de l'insula, des amygdales, et une prédisposition au comportement pro-social.

Votre Sainteté, c'est magnifique d'être de nouveau en votre présence. J'aimerais partager avec vous certains points du travail que nous avons effectué sur l'empathie et la compassion dans différents contextes. Nous avons commencé par examiner le rapport entre ce que nous observons dans le cerveau et les décisions que prennent les gens lorsqu'ils sont confrontés à certaines tâches d'ordre économique.

Permettez-moi de commencer par deux points majeurs qui constituent l'intégralité de ma communication. Le premier point réside dans le fait que l'on observe chez les gens une différence de leurs niveaux d'empathie et de compassion; c'est ce que les psychologues appellent les *traits de la personnalité*. Par « trait », nous entendons ici des différences constantes d'une personne à l'autre et qui persistent dans le temps. Ces disparités sont associées à de profondes différences des caractéristiques biologiques. Selon les neurosciences modernes, et c'est le second point, on considère l'empathie et la compassion comme le produit de capacités que l'on peut développer par l'entraînement de l'esprit. Cet entraînement induit ce que nous appelons des *changements plastiques* aussi bien dans le cerveau que dans le corps.

J'aimerais distinguer ici trois types d'empathie. Le premier est ce que l'on appelle l'empathie à valence négative, qui est la tendance à éprouver soi-même des sentiments de préoccupation ou de douleur en réponse à la souffrance d'une autre personne. L'empathie à valence positive est la tendance à exprimer une émotion positive en réponse à la souffrance d'une personne, comme moyen de soulager sa détresse et d'induire en elle un état émotionnel positif. La troisième forme d'empathie est celle dont il n'est pratiquement jamais question dans les publications scientifiques. Elle s'apparente à l'un des quatre *brahmâvihâra*[12] propres à l'enseignement bouddhiste. Il s'agit de la joie empathique, qui est la tendance à éprouver des sentiments de bienveillance et de plaisir en réponse au bonheur d'autrui.

Votre Sainteté, j'aimerais vous faire part de travaux que nous ne vous avons pas encore présentés et qui portent sur de jeunes enfants. Il est merveilleux de travailler avec eux parce qu'ils n'ont pas atteint le même niveau de socialisation que les adultes ; en général, ils font preuve d'une plus grande spontanéité d'expression que ces derniers. Nous pouvons déceler des choses dans leur comportement qu'il serait beaucoup plus difficile de voir chez des adultes ; ainsi pouvons-nous clairement identifier la façon dont ils réagissent.

Lors de nos expériences avec ces enfants, nous leur avons d'abord demandé d'imiter la façon dont ils se coiffent. Puis l'expérimentateur fait semblant de se blesser avec un presse-papiers. Il s'exclame qu'il s'est fait mal au doigt, que cette blessure est en train de rougir, et qu'il ressent une vive douleur. Puis quelques secondes plus tard, il déclare qu'il commence à se sentir mieux. Nous observons les réactions des enfants. Nous en avons testé plus de trois cents, âgés de quatre à cinq ans. Certains enfants réagissent en arborant la mimique faciale classique de la préoccupation et certains éléments d'une grimace de peur, mais ils ne montrent aucun signe d'émotion positive.

Nous sommes donc en présence d'un expérimentateur qui manifeste des signes de douleur et d'un enfant qui témoigne des sentiments d'inquiétude et d'émotion négative, ce que nous considérons comme une empathie à valence négative.

Un autre enfant entend l'expérimentateur déclarer qu'il se sent mieux et dit alors avec un sourire enthousiaste : « C'est bien », ou « C'est génial ! » C'est un exemple d'empathie à valence positive.

Je vous fais part de cette expérience afin de poser la question des composantes qui, dès le plus jeune âge, peuvent constituer les graines de la compassion. Deux éléments sont évidents. L'un est l'expérience de la préoccupation de l'autre ; le second est le désir d'alléger sa souffrance, d'insuffler chez lui une émotion positive. Certains enfants manifestent spontanément ce désir. Lorsque l'on teste trois cents enfants, on observe d'innombrables schémas de comportements différents. Ces schémas comportementaux, ces différences entre les enfants sont associées à divers paramètres des fonctions cérébrales qui permettent de prédire directement leur type de réponse empathique.

Maintenant, j'aimerais aborder le problème des circuits neuronaux qui sont activés lorsque des pratiquants chevronnés atteignent la compassion. Voici ce que Matthieu Ricard, l'un des pratiquants et participants, a déclaré à propos de cette expérience : « Dans le cadre de cette expérience, nous avons essayé d'engendrer un état dans lequel l'amour et la compassion emplissent totalement l'esprit, sans aucune autre considération, sans raisonnement ni pensées discursives.

C'est ce que l'on appelle *pure compassion* ou *compassion non référentielle* (dans le sens où elle n'est pas concentrée sur un objet particulier susceptible de déclencher l'amour ou la compassion), ou encore *compassion qui imprègne toute chose.*»

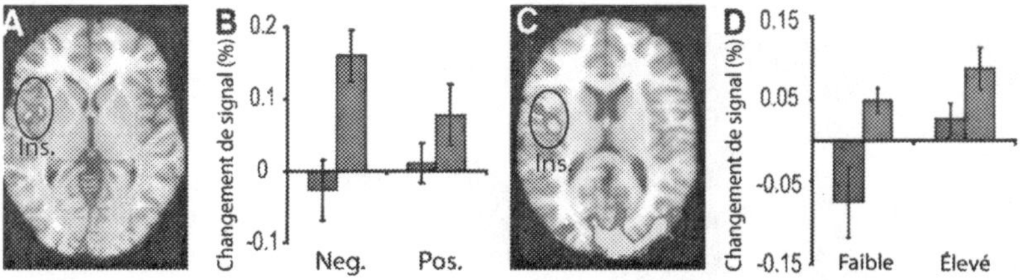

Figure 6. Voxel-Wise 3. Interaction : détermination de la valence émotionnelle chez deux groupes donnés.

Quand un pratiquant chevronné de la méditation sur la compassion écoute un son pénible tel que le cri d'une femme ou les pleurs d'un bébé, le sentiment de compassion se déclenche, et l'image cérébrale montre une plus grande activation de l'insula (une région importante responsable de l'intéroception).

La région du cerveau qui est ici entourée d'un cercle est le cortex insulaire ou intéroceptif. C'est l'une des principales zones du cerveau qui est activée lorsque des pratiquants chevronnés engendrent la compassion en laboratoire. Afin d'évaluer l'état dans lequel se trouve leur cerveau, nous leur faisons écouter des sons représentatifs d'épisodes émotionnels. Certains sons sont négatifs, comme ceux d'une femme qui hurle ou d'un bébé qui pleure. Ils expriment une souffrance humaine. Nous constatons chez les pratiquants chevronnés, que l'activité de cette aire du cerveau s'accroît fortement lorsque nous leur faisons entendre ces sons de détresse. On observe un léger accroissement de l'activité du cortex insulaire chez les pratiquants débutants qui n'ont appris à pratiquer la compassion que très récemment. En outre, on ne l'observe que chez les sujets qui ont déclaré que leur méditation était particulièrement positive, ou alors chez ceux qui ont été relativement peu distraits et se sont concentrés sur la pleine conscience de la compassion.

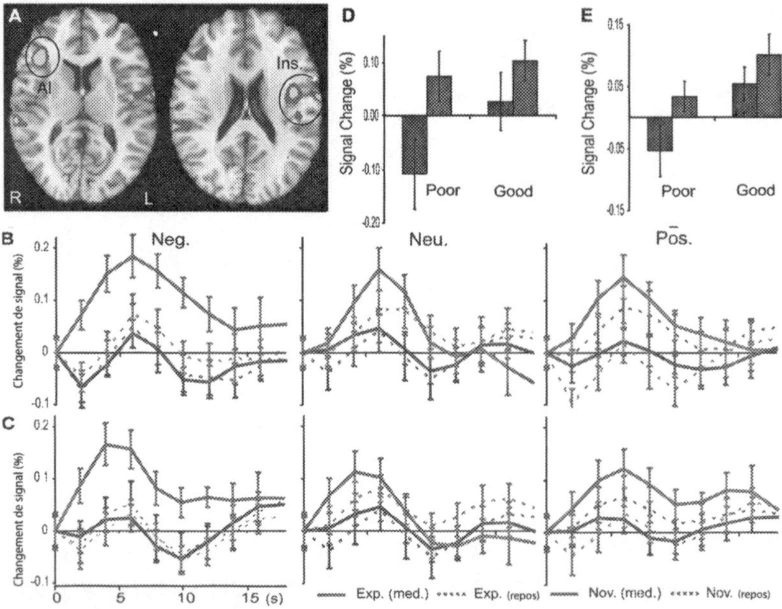

Figure 7. Voxel-Wise 3 – Interaction : Détermination de la valence émotionnelle chez deux groupes donnés.

Légende : Quinze méditants chevronnés et quinze sujets de contrôle ont participé à cette expérience. Sur les graphiques, la ligne inférieure indique les signaux de l'insula chez les méditants expérimentés (gris) et chez les novices (noir), en réponse à des sons négatifs (à gauche), neutres (milieu) et positifs (à droite). Les lignes continues indiquent le signal au cours des périodes de méditation sur la compassion ; les lignes en pointillé indiquent les signaux marquant les périodes de repos. Remarquez que chez les méditants chevronnés, au cours de la méditation sur la compassion, le signal dans l'insula est plus élevé que pendant la période de repos, surtout en réponse aux sons négatifs.

Les amygdales font également partie du réseau neuronal qui est affecté lors de cette expérience. Elles sont impliquées dans de nombreux aspects du traitement émotionnel, mais le plus souvent lorsqu'il s'agit d'émotions négatives. Cependant, les amygdales sont fortement activées chez les pratiquants chevronnés au cours de cette activité compassionnelle en réponse aux cris de souffrance. Il se peut – et c'est là l'une des questions que j'aimerais examiner avec vous, Votre Sainteté – que chez ces pratiquants très expérimentés, le fait d'avoir développé l'équanimité leur permet de répondre fortement aux signaux de détresse sonores (comme nous l'avons constaté dans la réponse de la zone des amygdales), mais également de retrouver plus rapidement leur point d'équilibre. De fait, des études récentes effectuées avec des pratiquants de longue date nous ont montré que leur réponse amygdalienne aux stimuli négatifs se dissipe plus vite que chez les pratiquants novices. En fait, le nombre d'heures consacrées à la pratique pendant toute une vie chez ces pratiquants chevronnés correspond à l'ampleur des changements que nous observons dans leur cerveau. Nous n'observons pas ce phénomène chez les pratiquants débutants. Chez ces derniers, en fait, la réponse des amygdales diminue plutôt qu'elle n'augmente.

Thuptèn Jinpa : Dans le cas des pratiquants chevronnés, une partie du processus d'apprentissage implique la réduction de l'attachement, ce qui pourrait expliquer qu'ils reviennent plus rapidement à un point d'équilibre.

Dalaï-lama : Il est parfaitement évident que dans le cas de la compassion et de la préoccupation d'autrui, il peut y avoir un sentiment de partialité ou d'impartialité. Le premier concerne la notion de « moi », c'est-à-dire quelque chose qui « me » plaît. Le sentiment impartial est, lui, très objectif.

Thuptèn Jinpa : Il l'est, en effet, parce que la pratique du développement de l'impartialité implique une phase initiale au cours de laquelle on se détache de cette sorte d'attachement que nous ressentons tous.

Dalaï-lama : Ce qui réduit la partialité.

Richard Davidson : Votre Sainteté, j'aimerais maintenant aborder de nouvelles découvertes à propos des pratiquants débutants que nous avons entraînés à la compassion pendant deux semaines seulement. Il s'agit de sujets qui n'avaient jamais pratiqué auparavant. Ils se sont portés volontaires pour effectuer une étude où nous leur avons dit qu'ils allaient être soumis à une expérience destinée à améliorer leur bien-être. Ils ont été intégrés, au hasard, soit à un groupe qui allait recevoir un entraînement à l'amour et à la compassion, soit à un autre groupe qui allait être formé à la thérapie cognitive. Il s'agit d'une thérapie qui apprend aux gens à réévaluer une situation négative et à imaginer qu'il existe une issue positive.

L'une des questions que nous avons examinée était la variabilité du niveau de compassion chez les sujets testés. Après l'entraînement à la compassion, nous avons demandé aux participants de pratiquer la compassion pour une personne chère, pour eux-mêmes, pour un étranger et pour une personne antipathique. Au terme de deux semaines d'entraînement, le niveau de compassion que les sujets affirmaient avoir ressenti pour un étranger ou une personne difficile était comparable au niveau de compassion qu'ils déclaraient éprouver pour eux-mêmes *avant* l'entraînement. Bien que cet entraînement n'ait duré que trente minutes par jour pendant deux semaines, il a induit des changements perceptibles.

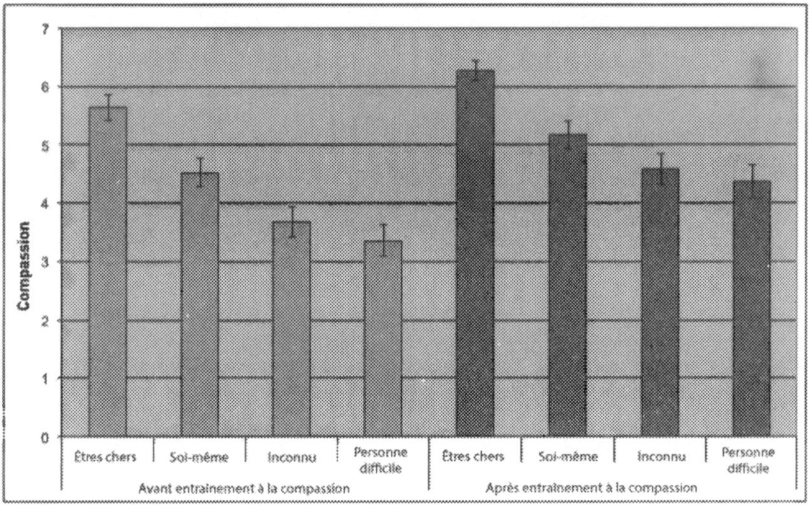

Figure 8. La compassion varie-t-elle en fonction de son destinataire ? : On a demandé aux participants d'évaluer l'intensité de la compassion qu'ils éprouvaient sur une échelle allant de 0 à 7 ; 0 représentait l'absence totale de ce sentiment et 7 indiquait les niveaux de compassion les plus intenses qu'ils aient jamais ressentis.

Le jeu de la redistribution

A. Phase 1 : Le meneur peut partager son argent avec le bénéficiaire.

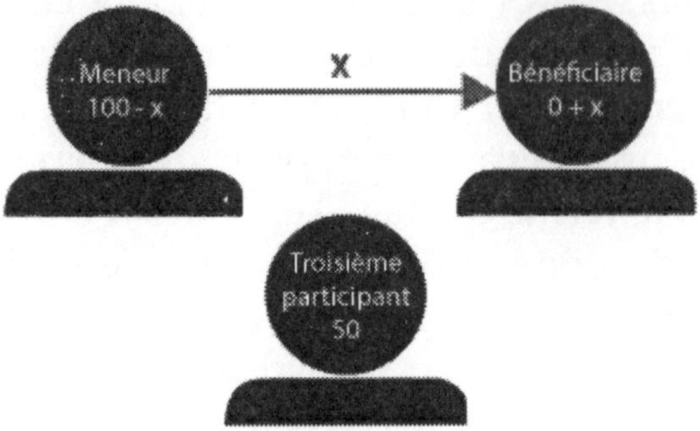

B. Phase 2 : Le troisième participant peut choisir de payer afin de redistribuer l'argent du meneur au bénéficiaire.

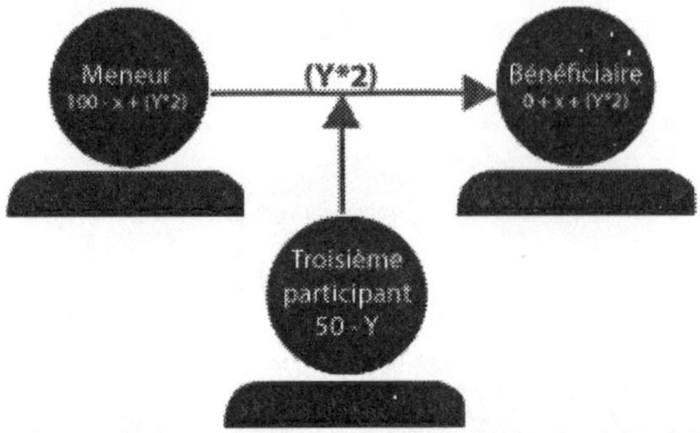

Figure 9. Dans le jeu de la redistribution, on donne 100 $ à l'un des participants, le « meneur ». Il peut donner l'argent au second participant, le bénéficiaire. Le meneur garde pour lui-même la somme qui reste après avoir donné un certain montant au bénéficiaire. Un troisième sujet observe l'échange. On donne 50 $ à ce troisième sujet. Il peut utiliser une partie ou tout l'argent qui lui est remis pour distribuer plus équitablement les 100 $ initiaux du meneur, entre ce dernier et le bénéficiaire.

Quelle que soit la somme que le troisième participant donne, elle sera doublée, prise sur les 100 $ du meneur et donnée au bénéficiaire. Ce dernier peut également choisir de garder les 50 $ pour lui-même.

Nous leur avons également demandé de se prêter à un jeu monétaire. Pour des raisons de temps, je vais le décrire brièvement. L'élément principal réside dans le fait qu'une personne observe une transaction économique entre deux autres participants. Cette transaction peut être honnête ou malhonnête. Si elle est malhonnête, le participant a la possibilité d'utiliser une partie de l'argent que nous lui avons préalablement remis pour redistribuer équitablement la transaction et lui permettre une issue plus altruiste. C'est l'idée de base de cette tâche expérimentale.

Nous avons constaté que lorsqu'un large groupe de participants prend part à ce jeu, ceux qui redistribuent davantage d'argent déclarent ressentir un plus grand souci d'empathie. Ils témoignent également de sentiments de chaleur et de compassion plus importants pour la souffrance des autres dans le questionnaire complémentaire que nous leur donnons. Ils sont d'accord, par exemple, avec l'affirmation suivante : «J'ai souvent des sentiments de tendresse et de sollicitude pour des gens qui ont moins de chance que moi.» Cette expérience permet donc de mesurer la sollicitude empathique avec une certaine validité. Nous effectuons un scanner du cerveau sur les participants avant et après les deux semaines d'entraînement à la compassion. Au terme de cet entraînement, nous leur demandons d'effectuer la tâche portant sur la transaction économique. Nous avons alors constaté qu'au cours du jeu monétaire, il se produisait des changements plus importants chez les membres du groupe qui avait reçu la formation à la bienveillance que chez ceux qui n'avaient suivi qu'une simple formation en thérapie cognitive. Après seulement deux semaines d'entraînement, le premier groupe faisait preuve de davantage d'altruisme lors de la tâche impliquant une prise de décision économique.

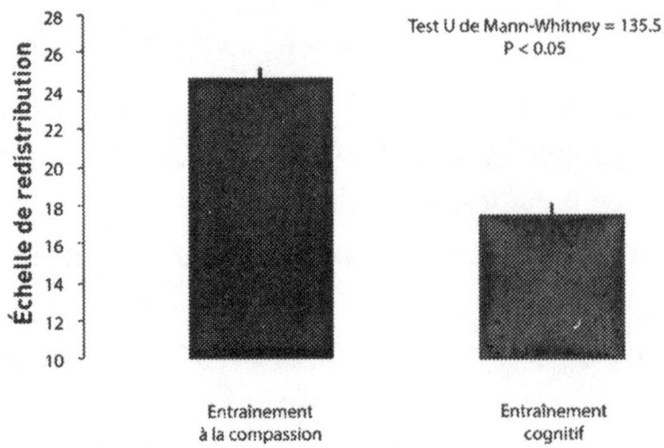

Figure 10 : Les effets de l'entraînement à la compassion sur le jeu de redistribution.

Après ces deux semaines, il se produit également un changement au niveau du cerveau. Chez les personnes qui ont reçu un entraînement à la compassion, l'ampleur des changements observés dans certaines aires du cerveau, particulièrement au niveau des amygdales et du cortex insulaire, est corrélée avec un changement dans le comportement altruiste au moment de la transaction monétaire. L'entraînement à la compassion réduit l'activité des amygdales. Des signaux amygdaliens moins prononcés lors du second scanner du cerveau permettent de prédire une plus grande redistribution des sommes d'argent. Lorsque vous associez les données des amygdales et du cortex insulaire, la possibilité de prédire un comportement altruiste est extrêmement élevée. Plus il y a de changements dans le cerveau au terme des deux semaines de formation, plus le comportement des gens est altruiste. On n'observe aucune corrélation de ce type dans le groupe de thérapie cognitive mais seulement dans le groupe qui a reçu cet entraînement à la compassion. Leurs résultats sont totalement différents.

Permettez-moi de résumer. Nous avons vu qu'il existe différentes formes de compassion chez les jeunes enfants, et nous pensons que certaines formes représentent les graines de la sollicitude empathique et du comportement altruiste. Chez les pratiquants chevronnés, la méditation sur la compassion modifie considérablement la réactivité du cerveau aux stimuli évoquant la souffrance. Chez les pratiquants novices, deux semaines de formation à la compassion opèrent des changements dans le cerveau et accroissent le comportement altruiste. Les personnes chez qui on observe les plus importants changements cérébraux font preuve d'une modification plus significative dans leur comportement altruiste. Il y a des différences de schémas neuronaux entre les pratiquants à long terme et les débutants. Les pratiquants chevronnés sont capables de supporter la souffrance plus longtemps et montrent de hauts niveaux d'activation des amygdales, tandis que cette activation est réduite chez les débutants. On peut expliquer ce phénomène chez les pratiquants expérimentés par une capacité d'équanimité accrue, ou par une absence d'attachement, ainsi que Votre Sainteté l'a suggéré.

L'ensemble de ces découvertes illustre comment la biologie et l'expérience modèlent notre comportement altruiste de façon significative. Toutefois, nos niveaux d'altruisme et de compassion ne sont pas immuables. Les circuits neuronaux associés à la compassion sont modifiables. Nous pensons qu'un bon entraînement à la compassion, et surtout un entraînement qui débute dès le plus jeune âge, permet de promouvoir la bonté et la bienveillance au sein de larges segments de la population.

Chapitre 4

L'approche bouddhiste de l'altruisme

(Matthieu Ricard)

Matthieu Ricard est moine bouddhiste rattaché au monastère de Shechen, à Katmandou, au Népal. Il est titulaire d'un doctorat en génétique cellulaire de l'Institut Pasteur. Il a étudié et pratiqué le bouddhisme auprès d'éminents maîtres tibétains tels que Kangyur Rinpoché et Dilgo Khyentsé Rinpoché ; il est en outre le traducteur de Sa Sainteté le Dalaï-lama depuis 1989. Écrivain et photographe prolixe, il consacre les revenus de ses livres et une grande partie de son temps à Karuna-Shechen, organisation humanitaire qu'il a fondée et qui regroupe de nombreux projets au Tibet, au Népal et en Inde.

La communication de Matthieu éclaire la compréhension bouddhiste de la compassion, de l'ignorance, de la souffrance et du bonheur. Il décrit l'épuisement émotionnel des infirmières qui sont constamment exposées à la souffrance des malades. En se fondant sur sa propre expérience en tant que méditant, et comme participant aux recherches de Tania Singer, il témoigne que la méditation sur la compassion et l'amour altruiste constituent des antidotes potentiels à la souffrance émotionnelle.

Il est toujours déplacé de parler d'un thème bouddhiste devant l'un de nos maîtres les plus respectés. Mais, puisque notre époque produit de telles situations, je vais le faire, bien que ce soit comme allumer une allumette en présence d'un soleil éclatant. Je vous en demande pardon.

J'aimerais commencer par proposer quelques définitions caractéristiques de l'approche bouddhiste. Le bouddhisme définit l'amour altruiste comme étant le souhait que tous les êtres sensibles puissent trouver le bonheur et les causes de celui-ci. Lorsque cette bienveillance inconditionnelle est confrontée à la souffrance, elle se transforme naturellement en compassion, qui est le souhait que tous les êtres sensibles soient libérés de la souffrance et de ses causes. L'amour altruiste et la compassion ne sont pas de simples récompenses d'un bon comportement, et leur absence n'est pas davantage une punition pour avoir fait preuve d'un mauvais comportement. La compassion est le désir d'éliminer toute forme de souffrance, quelle qu'elle soit, et quelles que soient les personnes qui en sont victimes. Aussi, l'amour altruiste et la compassion ne dépendent-ils pas de la façon dont les gens se comportent ni de la manière dont ils traitent autrui. Cette perspective permet de comprendre comment on peut étendre la compassion à des gens qui ne sont pas seulement nos ennemis personnels, mais ceux de l'humanité tout entière. Dans la mesure où ceux-ci créent d'immenses souffrances pour les autres, les êtres animés de compassion souhaitent éliminer ces souffrances par tous les moyens.

Que signifie éprouver de l'amour altruiste ou de la compassion pour un tyran ? En aucun cas cela exige que nous aimions cette personne, que nous approuvions son comportement ni que nous lui souhaitions de réussir. Éprouver de la compassion pour un tyran consiste à souhaiter l'élimination des causes mêmes qui ont rendu cette personne si détestable, et donc à penser : « Puissent la haine, l'avidité, la cruauté et l'indifférence disparaître de l'esprit de cet individu. » C'est le meilleur souhait que nous puissions faire pour l'humanité et pour cette personne. Aussi, dans cette optique, la compassion et l'altruisme ne sont-ils pas des jugements moraux mais sont-ils totalement orientés vers l'éradication de la souffrance et l'avènement du bonheur. Il faut, bien entendu, émettre des jugements moraux, mais ils ne doivent pas interférer avec la compassion ni l'amoindrir.

C'est pourquoi l'altruisme ne doit pas être partial. Il ne doit pas se limiter à ceux qui nous sont chers ni à ceux qui nous traitent bien et agissent de même avec autrui. Il s'applique à tous les êtres sensibles sans exception. Il exige d'accorder une haute valeur au bien-être des autres, de tous les êtres sensibles. Encore une fois, il ne s'agit pas de le réserver à nos proches bien aimés, ni même aux seuls êtres humains. Ainsi, la façon dont nous traitons les animaux révèle très souvent notre incapacité à imaginer les souffrances des autres. Lorsque vous tirez un poisson hors de l'eau, vous n'imaginez pas que c'est comme si vous étiez vous-même pris par un hameçon. Vous êtes incapable de vous mettre dans la situation du poisson et d'imaginer ce que vous ressentiriez si vous deviez endurer ce qu'il subit. Se mettre à la place de l'autre est le fondement qui permet d'accorder de la valeur à tous les êtres sensibles considérés comme nos semblables. Je ne veux pas souffrir. Personne ne se réveille le matin en pensant : « Puissé-je souffrir toute la journée, et même, toute ma vie. » Le droit le plus fondamental de tous les êtres sensibles est celui de ne pas souffrir. Nous devons d'abord le reconnaître pour nous-même et ensuite l'étendre aux autres, ce qui engendrera un sentiment de sollicitude pour tous les êtres. C'est essentiel.

De plus, lorsque nous affirmons que la compassion consiste à éliminer la souffrance et ses causes, il nous faut comprendre quelles sont ces causes. Selon la terminologie bouddhiste, la souffrance ne renvoie pas simplement à un douloureux mal de tête ni même à un épouvantable massacre. Selon le bouddhisme, les causes les plus profondes de la souffrance résident dans la distorsion de la réalité, c'est-à-dire dans le fait de ne pas voir les choses telles qu'elles sont. Une telle distorsion se produit inévitablement lorsque l'on plaque notre haine, notre avidité et nos illusions mentales sur la réalité. Ainsi, la cause-racine de la souffrance est ce que nous appelons *ignorance.* Une telle ignorance n'est pas simplement un manque d'informations, comme ne pas connaître par cœur l'intégralité d'un Bottin. Il s'agit d'une ignorance beaucoup plus profonde qui concerne la nature de la réalité et qui consiste à ne pas reconnaître l'impermanence de tous les phénomènes, à s'accrocher à un moi qui serait une entité autonome, singulière et permanente. Toutes ces formes de distorsions mènent, de fait, à la souffrance.

Peut-on s'entraîner à développer l'altruisme ? Peut-on s'entraîner à développer la compassion ? Oui, c'est possible, parce que l'esprit a un potentiel de transformation que nous sous-estimons considérablement. Nous savons parfaitement que nous ne sommes pas nés en sachant lire et écrire ni jouer du piano, et nous acceptons de consacrer quinze ans ou plus à notre éducation. Et pourtant nous imaginons que des qualités humaines comme la compassion et l'altruisme sont innées. « Je suis tout simplement comme ça », entend-on dire. Or l'expérience contemplative et les neurosciences modernes montrent que nous pouvons changer. Il est bien évident que le changement ne se produira pas simplement parce que nous le voulons : nous devons nous y efforcer. Tout comme les autres facultés, le développement de l'amour et de la compassion nécessite un effort.

Il est inutile de fournir de plus amples explications sur ce point en présence de Sa Sainteté. J'aimerais simplement relier ces idées à la science et aux travaux de recherche afin de favoriser le dialogue entre ces deux domaines. On parle souvent d'une fatigue de la compassion qui affecte les personnels soignants tels que les infirmières ou les gens qui s'occupent des plus démunis. À force d'être constamment exposées aux souffrances des autres, ces personnes en viennent à ressentir un épuisement émotionnel. Tania et d'autres chercheurs ont montré que lorsque nous percevons la souffrance des autres, les aires de notre cerveau qui sont activées sont les mêmes que celles de la personne qui souffre devant nous. Il ne s'agit pas simplement de notre imagination : nous souffrons réellement.

Songez à la situation d'une infirmière ! Certains de ses patients guériront, d'autres mourront. Heureusement, il est rare que des malades subissent sans répit d'horribles souffrances pendant des années. Néanmoins, un soignant exposé jour après jour à la souffrance des autres souffrira tous les jours avec chacun de ses patients. La résonance empathique fait que ce soignant souffre tout le temps, ce qui peut déboucher sur un syndrome de *burnout,* un épuisement émotionnel total de la compassion.

Dans ce cas, que font les soignants ? Soit ils quittent la profession – « C'est trop dur » –, soit ils décident : « Je ne peux pas être si émotionnel. » Ils créent une distance entre eux et les patients, ce qui n'est pas sain. Existe-t-il une alternative ? C'est ce que nous avons examiné avec Tania au cours de nos recherches. Lors d'une expérience, elle nous a demandé de nous concentrer sur la visualisation et le ressenti de la souffrance des autres, sans laisser se développer l'amour altruiste et la compassion. Bien entendu, comme Sa Sainteté l'a dit, dans une situation normale, la compassion naîtra de façon totalement spontanée et naturelle, mais pour les besoins de cette expérience, nous nous sommes efforcés de nous concentrer sans relâche et exclusivement sur la souffrance elle-même. Quel en a été le résultat ? Au bout d'une heure ou deux, j'ai éprouvé un sentiment de détresse et d'impuissance, un total *burnout.* Plus vous éprouvez la souffrance d'autrui sur un mode uniquement empathique, sans la dimension de l'amour altruiste, plus le courage faiblit et vous vous effondrez. Pour moi, cette expérience a été une réelle surprise, mais elle a également débouché sur une vision personnelle plus profonde de la différence entre l'amour et la compassion.

Au bout d'un certain temps, Tania m'a demandé de passer de la simple concentration sur la souffrance à la méditation sur la compassion. C'était comme si un barrage cédait en libérant un torrent d'amour altruiste. Dans mon esprit, l'image de chaque atome de la souffrance d'autrui était remplacée par un atome de bonté et de compassion. Ce changement a bouleversé l'expérience : la souffrance est toujours là, vous la ressentez, mais elle est totalement imprégnée par cette perspective beaucoup plus vaste de l'amour altruiste, positif et constructif.

Il apparaît donc que ce que nous appelons l'*empathie seule* dans le cadre de cette expérience, à savoir entrer uniquement en résonance avec la souffrance de l'autre, peut déboucher sur une détresse insupportable. Un peu comme une pompe électrique qui continuerait à tourner sans être alimentée en eau : elle chauffe et brûle rapidement. Certaines infirmières sont naturellement débordantes de bonté et de compassion et, de fait, échappent au *burnout*. Mais la forme d'entraînement que Tania et Richard exposaient montre qu'il est possible en à peine quelques semaines de développer davantage de sollicitude empathique et un sens du soin plus authentique, ce qui fera une différence considérable pour d'autres soignants. Cet entraînement à la bonté et à la compassion peut apporter d'immenses bienfaits au monde médical et aider le personnel soignant à accomplir sa vocation d'une façon beaucoup plus bénéfique pour les patients et pour lui-même.

Chapitre 5

Les impératifs biologiques de la survie : l'altruisme revisité

(Joan Silk)

Joan Silk est professeur à la School of Human Evolution and Social Change à l'université d'État de l'Arizona, et ancienne directrice du Département d'anthropologie de l'université de Californie, à Los Angeles. Elle s'intéresse à la façon dont la sélection naturelle structure l'évolution du comportement social chez les primates, ainsi qu'aux origines évolutionnistes des facultés qui jouent un rôle crucial dans les sociétés humaines, telles que la réconciliation, la coopération, l'amitié, l'investissement paternel et les sentiments pro-sociaux.

Différents animaux, y compris les grands singes et les abeilles font preuve de schémas de comportement altruistes et pro-sociaux ; pour autant, ces schémas sont-ils des indicateurs d'une motivation et d'un choix, ou sont-ils de simples impératifs biologiques indispensables à la survie ? Joan fait tout d'abord le point sur les recherches effectuées sur le choix et l'altruisme chez les grands singes, puis le groupe de discussion aborde les comparaisons entre les hommes et les animaux, et plus particulièrement la capacité à éprouver de la gratitude et à comprendre les implications à long terme des actions.

J'aimerais présenter quelques données rassemblées par les zoologues concernant la manière dont l'altruisme s'exprime chez les animaux et, à partir de celles-ci, établir des comparaisons avec ce que nous observons chez les humains. Ainsi que nous l'avons constaté, les nombreuses disciplines représentées ici ont chacune une définition différente de l'altruisme, aussi commencerai-je par expliquer le sens du terme *altruisme* pour les biologistes.

Figure 11. Comportement de coopération chez les primates : Un chimpanzé adulte fait la toilette d'un autre mâle. Le toilettage est la forme de comportement coopératif la plus répandue chez les primates. D'autres modes de coopération comprennent le partage de la nourriture, la formation d'alliances et la défense du territoire.

Notre compréhension actuelle des facteurs qui motivent certains animaux à se conduire de façon altruiste est encore incomplète. Quelques réponses préliminaires suggèrent cependant qu'il existe des différences importantes entre les humains et les animaux. La définition biologique de l'altruisme est influencée par notre compréhension de la théorie évolutionniste. Lorsque les biologistes parlent d'altruisme, ils pensent à des comportements positifs pour le bénéficiaire et coûteux pour l'agent ; cette définition s'applique en général à l'espèce humaine. Mais en ce qui nous concerne, au lieu de parler d'agent, nous faisons allusion à une formule que nous appelons *succès reproducteur* (*genetic fitness*) et qui désigne la capacité d'un individu à survivre et à se reproduire. Il s'avère que l'altruisme est assez répandu chez les animaux. Nous observons des exemples d'altruisme chez de nombreuses espèces du monde animal. J'étudie les primates et, chez eux, la forme d'altruisme la plus commune est le toilettage des petits.

Pourquoi ce toilettage ? Que se passe-t-il dans leur tête ? Si nous ignorons les motivations des animaux, nous savons, en revanche, beaucoup de choses sur le schéma de ce comportement particulier. Nous savons qu'il est très répandu et nous avons appris certaines choses sur le singe qui toilette et sur celui qui reçoit les soins. Nous avons mis en évidence que ce type de comportement est très bénéfique pour les animaux. Lorsque l'on mesure le degré de sociabilité de ces grands singes, les données sur le long terme montrent que les femelles qui sont les plus sociables ont le plus haut pourcentage de succès reproductif. Leurs petits ont les plus grandes chances de survie.

Même si ces faits nous apprennent qu'avoir un comportement pro-social est bénéfique pour les femelles, l'altruisme chez les primates est plus limité que chez les humains. Il tend à être dirigé vers les parents et les partenaires avec lesquels s'effectuent des échanges. Il est limité aux membres du groupe. De plus, le nombre de primates capables de coopérer est très faible par rapport à celui des hommes.

Nous en savons énormément sur les comportements altruistes chez les humains, et nous commençons à nous demander ce qui motive l'altruisme chez les animaux. Il s'agit peut-être de compassion, d'un sens de la justice, d'un souci d'honnêteté, ou encore d'un sentiment de préoccupation pour l'autre. Mais il peut s'agir de tout autre chose. Les motivations que je viens de citer peuvent être absentes, et pourtant les animaux font preuve de comportements altruistes. Pour comprendre réellement leurs motivations, il nous faut dépasser notre propre interprétation des comportements animaliers.

En 1996, un enfant est tombé dans la cage des gorilles du zoo de Chicago[13]. Une femelle gorille a pris l'enfant dans ses bras et l'a emporté au fond de l'enceinte. Pourquoi a-t-elle fait cela ? Peut-être a-t-elle compris que l'enfant était en danger et a-t-elle voulu lui venir en aide. C'est, en général, l'interprétation que l'on en donne. Mais en parlant avec les membres du personnel de ce zoo, j'ai découvert qu'ils lui ont appris, quand elle était petite, à prendre soin d'un bébé. (Il arrive que dans les zoos, les mères gorilles ne sachent pas s'occuper de leurs petits.) Ils lui ont donc appris à

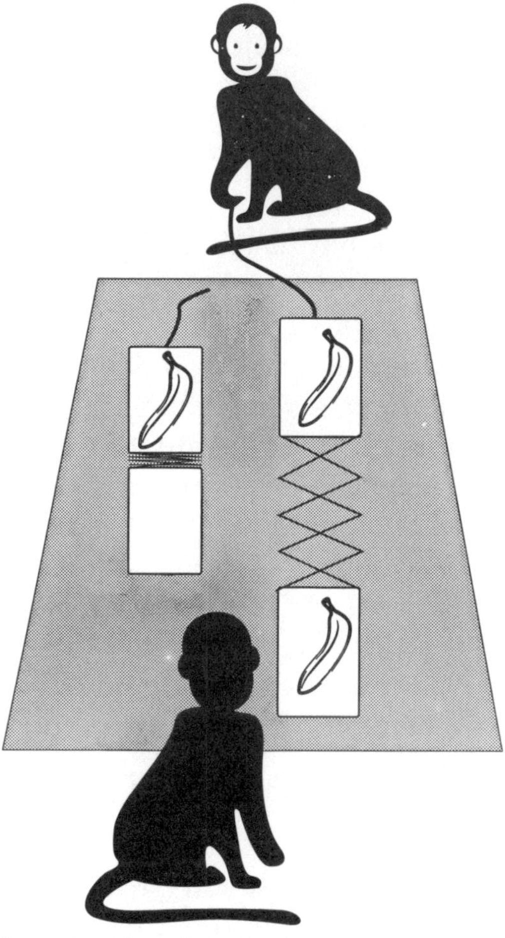

Figure 12 : Les chimpanzés préfèrent-ils les choix bénéfiques pour les autres ?
Les chimpanzés ont deux options : (1) ils peuvent prendre une banane pour eux-mêmes et une autre pour leur congénère ; ou bien (2) ils peuvent prendre une banane pour eux-mêmes et aucune pour leur congénère. Cette recherche montre que les chimpanzés n'ont pas préférence pour le choix le plus généreux.

porter un petit dans ses bras et à venir le leur montrer, pour qu'ils vérifient s'il allait bien.

Dans ces conditions, comment savoir ce que pensait cette femelle gorille quand elle a fait ce geste d'emporter l'enfant ? Nous avons commencé à examiner cette question de façon plus systématique en faisant des expériences dans le but de déterminer si le fait d'aider autrui est fondé ou non sur le souci de son bien-être. À cette fin, nous avons emprunté certaines méthodes expérimentales au domaine de l'économie. Nous avons donné à des chimpanzés deux choix ; à chacun de ces choix correspondait une récompense différente. Ces choix nous renseignent sur les préférences de l'animal. Par exemple, si quelqu'un me propose des carottes ou du céleri et que je choisis ce dernier, vous penserez que je préfère le céleri aux carottes. C'est exactement ce que nous faisons avec les grands singes.

Voici l'une des expériences que nous avons menée sur un couple de chimpanzés. L'un est un agent actif et l'autre est un partenaire passif. L'agent a deux choix. Le premier : recevoir une banane pour lui et une autre pour son compagnon. Le second choix : avoir une banane pour lui et rien pour son partenaire. Il est étonnant de constater que les chimpanzés choisissent de manière indifférenciée.

Nous avons des raisons de penser que les chimpanzés comprennent bien le fonctionnement de cette expérience, ce qui est bien sûr très important, sinon elle n'aurait pas grand intérêt. Nous avons répété cette expérience. Nous l'avons effectuée récemment avec de nombreux chimpanzés issus de différents groupes, et non pas seulement avec un seul type de chimpanzés particulièrement désagréables, c'est-à-dire peu généreux.

Ce genre d'expérience nous fournit certaines hypothèses sur les préférences. Bien que les chimpanzés puissent se montrer très altruistes dans leur comportement quotidien, il semble qu'ils n'obéissent pas aux mêmes types de motivations que les nôtres. Afin de constater les différences entre les chimpanzés et les humains, nous avons également réalisé une série d'expériences avec des enfants. Dès l'âge de quatre ans environ, les enfants commencent à montrer certaines préférences pour les comportements pro-sociaux. Parfois, certains enfants vont même jusqu'à renoncer à une récompense qui leur est destinée pour la donner à d'autres. Nous avons également la preuve qu'ils préfèrent des répartitions équitables à des répartitions injustes.

Nous avons tout juste commencé à étudier les motivations chez d'autres animaux bien que notre réponse ne soit pas encore tout à fait claire en ce qui concerne les primates. Ce que nous savons avec certitude sur cette espèce, c'est qu'à l'origine nous avons un ancêtre primate extrêmement sociable ; il forme des liens très forts surtout avec ceux qui lui sont apparentés. Bien que très coopératif, il restreint le champ de son altruisme. Nous savons également que les grands singes sont plus intelligents et plus coopératifs que les singes. Les grands singes sont mêmes capables de développer des rapports fondés sur le commerce. Malgré tout, ils ne se montrent pas aussi préoccupés par le bien-être de leurs congénères que les enfants et les adultes humains.

Nous constatons chez les humains un certain nombre de traits dont les grands singes sont dépourvus : le langage, la culture, les normes morales, la compassion, etc. Nous en sommes toujours à essayer de comprendre ce qui nous rapproche et ce qui nous différencie des autres primates. Mais tout porte à croire que la faculté de compassion est beaucoup plus développée chez les humains que chez les primates qui nous sont les plus proches.

Dalaï-lama : C'est encourageant. Ce sont des signes d'espoir.

Matthieu Ricard : Votre Sainteté, vous dites souvent que l'altruisme étendu est fondé sur l'altruisme biologique. Ce que j'entends par altruisme « biologique » ou « naturel » est celui dont nous avons hérité grâce à l'évolution et dont les exemples les plus évidents sont ceux de l'amour parental et surtout maternel. Ainsi que vous l'avez souvent affirmé, c'est là un amour merveilleux, qui est naturel et qui n'a pas besoin d'être appris. Mais il demeure partial parce qu'il s'applique d'abord à nos enfants et s'étend ensuite, jusqu'à un certain point, à nos proches puis à ceux qui nous traitent bien.

Il nous est très difficile d'étendre cette forme d'amour altruiste à des inconnus et plus encore à des gens qui nous nuisent ou qui font du mal à autrui. Mais vous avez expliqué à de nombreuses reprises qu'un entraînement cognitif fondé sur le raisonnement et la sagesse est capable de nous faire comprendre que tous les êtres sans exception souhaitent être libérés de la souffrance, et que, en conséquence, nous devrions être concernés par tous les êtres sensibles. Cette démarche permet de développer une forme d'altruisme beaucoup plus étendu. Ce type d'altruisme exige un entraînement, mais il est impartial et fondé sur la reconnaissance des causes plus profondes de la souffrance dont nous avons déjà parlé. Pourriez-vous, s'il vous plaît, dire quelques mots sur la manière de passer d'un altruisme limité et partial à une forme beaucoup plus vaste ?

Dalaï-lama : Tout d'abord, la compassion est liée à l'intelligence. Peut-être pourrions-nous formuler les choses ainsi : les mammifères étant moins intelligents, de même que les oiseaux, ils ne peuvent pas avoir une approche holistique qui implique de considérer non seulement les conséquences immédiates, mais aussi futures. L'intelligence permet une vision holistique.

Une fleur, une plante, peuvent être très belles mais elles sont dépourvues de sentiments et de toute capacité cognitive. Elles n'ont donc aucun moyen de développer la compassion. Seuls les êtres sensibles peuvent faire l'expérience de la douleur et du plaisir, qui sont le fondement de la compassion. Et le recours à l'intelligence permet l'accroissement de la compassion. Que ce soit Dieu ou la nature qui nous ait créés, nous sommes des animaux sociaux. Avez-vous mené des recherches pour savoir si les abeilles étaient des animaux sociaux ?

Joan Silk : Eh bien, nous savons qu'elles sont extrêmement sociables et qu'elles ne peuvent survivre qu'en société.

Dalaï-lama : A-t-on déjà mené des travaux expérimentaux sur l'observation du comportement des abeilles à l'intérieur de leur propre colonie par rapport aux abeilles vivant à l'extérieur de celle-ci ?

Joan Silk : Dans de nombreuses sociétés animales, il existe un altruisme étendu à l'intérieur du groupe, mais si un étranger survient, les membres du groupe lui sont très hostiles.

Dalaï-lama : Si l'on place dans un même lieu des abeilles appartenant à une colonie et d'autres appartenant à une colonie différente, peuvent-elles ou non se mélanger ?

Joan Silk : Non, elles ne se mélangent pas.

Dalaï-lama : Je me demande si cette hostilité et cette forme de discrimination sont simplement liées à un manque de familiarité entre elles, au fait de ne pas avoir établi de liens entre elles ? Avec le temps, seraient-elles capables d'entrer en contact et de s'apprivoiser ? Étant donné que la survie de la colonie ne dépend pas d'abeilles étrangères à celle-ci, les abeilles appartenant à une colonie donnée considèrent les autres comme hostiles. Mais, est-ce qu'il peut arriver qu'en mettant deux groupes d'abeilles en présence, elles forment un essaim, construisent une nouvelle colonie et développent un nouveau groupe ? Peut-on envisager la possibilité qu'il se produise un changement dans le minuscule cerveau de ces insectes, sous l'effet de circonstances différentes ?

Joan Silk : Je n'y crois pas trop.

Dalaï-lama : Vraiment ? Y aurait-il quelque chose qui, au niveau biologique, soit si déterminé qu'il interdise tout changement ?

Joan Silk : Je pense que chez un animal comme une abeille, il s'agit d'un déterminisme biologique. Elles ne disposent pas d'une grande souplesse de comportement. La plasticité est ce qui nous distingue si nettement des animaux dotés d'un cerveau extrêmement petit. Ils sont génétiquement programmés, et il n'y a pas beaucoup de flexibilité dans leur répertoire comportemental.

Dalaï-lama : Certains mammifères n'ont-ils pas une forme de langage, une certaine façon de communiquer entre eux par signaux ? Jusqu'à quel point leurs fonctions cérébrales diffèrent-elles des animaux qui n'ont pas de langage ?

Joan Silk : Vous voulez dire la différence de souplesse comportementale ?

Dalaï-lama : Oui.

Joan Silk : Ces animaux [les grands singes] ont de très gros cerveaux, un comportement très flexible, une grande capacité d'apprentissage social, et ils disposent d'un potentiel de comportement en société très élaboré. Il y a des animaux que l'on aimerait tester pour savoir s'ils sont pro-sociaux parce qu'il y a peut-être certains éléments dans leur environnement et dans les groupes où ils évoluent qui favoriseraient cette forme de comportement pro-social. Je ne pense pas qu'il s'agisse d'une limite liée à l'intelligence des grands singes. Je crois qu'il s'agit d'une limite fondée sur le type d'environnement dans lequel ils ont évolué.

Dalaï-lama : Pour satisfaire ma propre curiosité, j'aimerais, si vous le permettez, vous poser cette question : quel est le rapport entre appréciation et altruisme ? Voyez-vous un lien entre le fait d'apprécier la bonté de l'autre et le comportement altruiste ?

Joan Silk : Je pense que l'altruisme, c'est-à-dire faire quelque chose qui est bénéfique à quelqu'un d'autre, n'exige pas un haut niveau de compréhension ou d'appréciation d'autrui.

Matthieu Ricard : La question de Sa Sainteté porte sur le fait de savoir si le bénéficiaire du geste altruiste apprécie ce que vous faites et en éprouve une forme de gratitude ?

Joan Silk : Oh ! C'est une très bonne question ! Les grands singes apprécient d'être les bénéficiaires des comportements de soins. La femelle qui reçoit ces soins de toilettage apprécie de toute évidence d'être ainsi traitée. Quant à savoir s'il y a ou non un sentiment de gratitude ou d'appréciation envers le dispensateur de ces soins, nous l'ignorons.

Dalaï-lama : Vous voyez, vous ne m'avez toujours pas répondu. Je pense aux moustiques : ils ne semblent pas faire preuve d'un sentiment d'appréciation. Dans le cas de nombreux animaux, si nous les nourrissons, si nous leur témoignons un amour sincère, ils apprécient ces traitements. Mais revenons aux moustiques : si je suis de bonne humeur et si je suis sûr qu'il n'y a pas de danger qu'ils me transmettent le paludisme, je leur donne mon sang, mais ensuite, je ne constate aucun signe de gratitude ! J'ai souvent posé cette question aux scientifiques et aux chercheurs. Je me demande si le type de comportement que l'on observe chez les abeilles peut être qualifié d'altruiste, parce que s'il est déterminé, il s'agit alors d'une attitude totalement programmée biologiquement. Je me demandais donc s'il était justifié de qualifier cette attitude d'altruiste. Les êtres non sensibles, comme les plantes, ont également la faculté de s'ajuster à leur environnement, de réagir à l'entassement, etc. C'est un processus purement chimique, biologique. Donc, dans le cas d'animaux minuscules, peut-être s'agit-il d'un mécanisme biologique de survie ? Il s'agit presque d'un comportement automatique.

Joan Silk : Oui, tout à fait. Mais c'est une question à laquelle vous pouvez répondre bien mieux que moi.

Dalaï-lama : Je ne connais pas bien ce domaine, je ne peux que supposer certaines choses. Je ne sais pas. Mais je peux sans doute ajouter quelques mots. Je pense qu'une approche holistique est sans doute l'élément principal. Si l'on est doté d'une plus grande intelligence, on est capable d'avoir une perspective plus large des choses, qui permet que se développent véritablement le souci du bien-être d'autrui, le sentiment d'appréciation et le désir de venir en aide. Parfois, en tant qu'êtres humains, notre intelligence et notre faculté d'avoir une perspective, ou une vision à long terme, nous permettent de faire des sacrifices immédiats et d'être capables de supporter des épreuves pour obtenir un bénéfice à plus longue échéance. Dans des cas particuliers, certains animaux sont capables de planifier leurs intérêts sur un an, un mois, ou de prévoir certaines situations en fonction de leur progéniture ; toutefois, je ne pense pas qu'ils aient la capacité d'envisager l'avenir sous un angle holistique. Quant à la compassion, je crois que la sollicitude mutuelle entre les êtres humains est biologiquement essentielle à notre survie. Afin qu'une personne consacre de l'énergie et des efforts à la survie de quelqu'un d'autre, il faut qu'il y ait une volonté de sa part. Et cette attitude provient de l'altruisme, de l'affection, de l'amour et d'un sens de la responsabilité. Bien sûr, ces sentiments sont étroitement liés à l'attachement, mais ce n'est pas grave.

DEUXIÈME PARTIE

Recherches économiques sur l'altruisme et le comportement pro-social

Chapitre 6

L'expérience du dilemme social

(Ernst Fehr)

Ernst Fehr, professeur de microéconomie et d'économie expérimentale, est également directeur du département d'économie à l'université de Zurich. Ses recherches associent des perspectives sur l'économie, la psychologie sociale, la sociologie, la biologie et les neurosciences ; elles mettent en lumière les aspects sociologiques et psychologiques de l'économie moderne.

L'expérience du dilemme social de Fehr, qui tente de cerner à la fois la perception qu'ont les gens de l'altruisme et l'altruisme authentique, réfute l'hypothèse longtemps établie selon laquelle l'intérêt personnel est la seule motivation prévalant dans le monde économique. Dans cet exposé, il avance également l'idée de sanction altruiste et démontre la valeur de la responsabilité dans les engagements sociaux.

Je tiens à vous remercier de me donner l'occasion de présenter mes travaux à Sa Sainteté. J'aimerais tout d'abord vous parler de ce que représente l'altruisme pour les économistes. Ma définition est la suivante : nous considérons que le comportement d'une personne est altruiste si l'acte qu'elle accomplit lui coûte mais s'avère bénéfique pour l'autre. L'agent n'est pas motivé par un gain matériel à long terme, direct ou indirect, associé à cet acte, mais il est susceptible d'en retirer un bénéfice psychologique. Il peut se sentir bien parce qu'il a accompli un acte altruiste mais, selon notre définition, ce bienfait n'altère en rien le caractère altruiste de l'acte.

Permettez-moi de vous donner un exemple. Si je dois dépenser de l'argent pour mes enfants, mes amis ou les victimes d'une catastrophe, je me comporte de manière altruiste si je le fais sans envisager un bénéfice ultérieur potentiel, tel qu'une déduction d'impôt. Même si j'éprouve un sentiment de bien-être lorsque je donne de l'argent pour une œuvre caritative, ce geste demeure un acte altruiste.

L'altruisme correspond-il à cette définition ? J'aimerais citer deux lauréats du prix Nobel en économie. L'un d'eux, George Stigler qui a obtenu le prix en 1982, a dit : « Lorsque l'intérêt personnel et les valeurs éthiques auxquelles souscrivent la plupart des gens sont le plus souvent en conflit, c'est généralement l'intérêt personnel qui l'emporte[14]. » Oliver Williamson, qui a remporté ce même prix en 2009, a formulé cette idée de manière encore plus frappante : « Les êtres humains recherchent leur propre intérêt avec duplicité, ce qui implique les comportements les plus éhontés, tels que le mensonge, le vol et la tricherie, mais comprend fréquemment des formes plus subtiles de tromperie[15]. »

Dalaï-lama : C'est une vision vraiment très pessimiste !

Ernst Fehr : Il est important de souligner qu'il s'agit de simples convictions. L'ensemble de la profession s'est accrochée à ces opinions ! Mais elles ne sont pas validées par les faits. Lorsque ces économistes ont énoncé ces idées, ils n'étaient pas certains de ce qu'ils avançaient, ils *croyaient* simplement qu'il en était ainsi. Lorsque j'ai commencé mes recherches il y a vingt ou vingt-cinq ans, c'était l'opinion dominante dans le domaine de l'économie. Pendant très longtemps, seule une poignée d'économistes a eu l'idée d'étudier l'altruisme. Dans le meilleur des cas, cette valeur était considérée comme une anomalie assez rare, au milieu de tous les comportements habituels mus par l'intérêt personnel.

Mes collègues et moi-même avons longtemps été en désaccord avec ce point de vue ; pendant des années, nous avons effectué des recherches sur l'altruisme dans les interactions économiques. Ainsi que d'autres intervenants l'ont suggéré, il est difficile d'étudier l'altruisme de manière empirique. Mais je désire vous faire part d'une expérience particulière que nous avons menée et qui a donné des résultats intéressants. Je l'appelle *l'expérience du dilemme social*. Mais elle est parfois dénommée *jeu de la confiance* ou *expérience de la confiance*, et vous allez comprendre pourquoi.

L'expérience se déroule comme suit. On met en présence deux personnes qui ne se connaissent pas. Chacune d'entre elles reçoit une somme de 10 euros. La personne A peut transférer entre 0 et 10 euros à la personne B. L'expérimentateur double alors le montant de la somme transférée. Par exemple, si je remets 1 euro à Sa Sainteté, elle recevra 2 euros. Si je transfère 10 euros, elle en recevra 20. Puis, la personne B a la possibilité de rendre une certaine somme, allant de 0 à 10 euros, et ce montant est également doublé par l'expérimentateur.

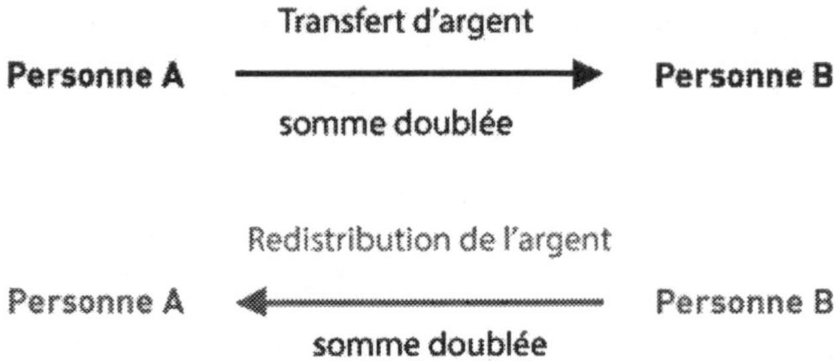

Figure 13 : Expérience du dilemme social
Deux personnes qui ne se connaissent pas sont associées sans toutefois se rencontrer. Chacune d'elle reçoit 10 euros. La personne A peut donner jusqu'à 10 euros à la personne B. L'expérimentateur double la somme. La personne B a alors la possibilité de rendre de l'argent à la personne A. Cet échange volontaire, séquentiel, ne se produit qu'une fois, et les sujets ne se rencontrent jamais face à face.

Cette expérience peut paraître artificielle, mais elle nous permet de saisir ce qu'est une transaction économique. Je possède un bien que vous valorisez davantage, et vous êtes détenteur d'un bien auquel j'accorde une plus grande valeur. Si nous échangeons ces biens, nous en retirons chacun un bénéfice. L'astuce est que ces opérations se déroulent de façon séquentielle. Je dois agir en premier et vous me suivez. En théorie, si je vous transfère tout l'argent que j'ai, vous pouvez me remercier, le garder et ne rien me rendre. Nous ne nous reverrons jamais. Nous ne nous connaissons pas. Vous n'avez rien à gagner à l'avenir en me témoignant de la sympathie. Vous ne retirez aucun avantage matériel en me donnant votre argent, car vous avez déjà reçu le mien. C'est la raison pour laquelle nous pouvons considérer le transfert que vous avez effectué en ma faveur comme un acte altruiste, parce qu'il n'y a aucune autre raison en dehors de l'altruisme qui pourrait vous inciter à le faire.

Si la personne B redonne une certaine somme, il s'agit là d'un beau geste altruiste ; toutefois, cette transaction nous en apprend davantage. Si la personne A considère la personne B comme altruiste, la personne A a une raison d'effectuer ce transfert, car la somme envoyée est doublée [par l'expérimentateur] lors de la transaction. Donc, le transfert effectué par la personne A permet de mesurer sa confiance dans l'altruisme de ses semblables. Cette expérience nous permet donc d'évaluer deux éléments très importants : la confiance dans l'altruisme des autres et l'altruisme authentique. Voyons maintenant comment les gens se comportent lors de cette expérience.

Dalaï-lama : Si la première personne transfère 5 euros à la seconde, cette dernière possède donc 20 euros, car elle a reçu initialement 10 euros plus les 5 euros de la personne A, auxquels s'ajoutent les 5 euros supplémentaires donnés par l'expérimentateur.

Ernst Fehr : Oui.

Dalaï-lama : Donc, elle pourrait tout simplement partir avec les 20 euros. Elle n'a rien à perdre.

Ernst Fehr : Oui. Il faut absolument garder en tête qu'il s'agit de deux personnes qui ne se sont jamais rencontrées. Nous avons effectué cette recherche avec un échantillonnage représentatif de la population allemande d'environ mille personnes. Voyons maintenant comment elles ont réagi.

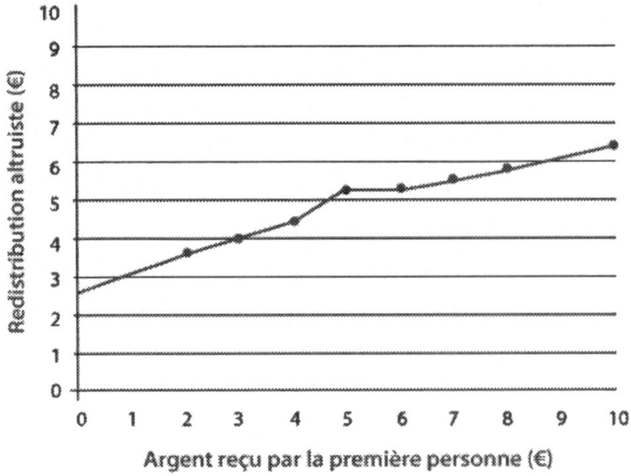

Figure 14 : Les gens redistribuent-ils l'argent de façon altruiste ?

Si la personne A transfère 2 euros, la personne B renvoie en moyenne 3,50 euros. Si la personne A envoie 10 euros, la personne B redonne en moyenne 6,50 euros. Le fait important est qu'il s'agit bien d'un acte altruiste, même s'il y a un élément d'inégalité.

On pourrait, bien sûr, argumenter en disant : « Il s'agit de 10 euros, qu'est-ce que 10 euros ? Ce n'est pas une grosse somme. C'est facile d'être altruiste quand il n'y a que 10 euros en jeu.» Mais si nous faisons cette expérience avec 100 euros, la même chose se produit. Si nous répétons cette même expérience avec des sommes représentant trois mois de revenus, les gens se comportent de la même manière. Nous n'avons pas pu réaliser cette expérience en Suisse, parce que cela aurait coûté trop cher. Nous avons dû nous rendre dans un pays pauvre dans lequel cent francs suisses représentent beaucoup d'argent. Nos données démontrent clairement que l'altruisme n'est pas un phénomène lié à de petites sommes d'argent. Il se produit également lorsque des montants importants sont en jeu. Nous pouvons l'observer, le mesurer, de même qu'il nous est possible d'évaluer également la confiance dans l'altruisme d'autrui.

J'aimerais conclure en attirant votre attention sur un autre aspect, plus novateur, du comportement altruiste. Nous le dénommons *sanction* ou *punition altruiste*. C'est un terme étonnant, parce qu'il semble contradictoire. Comment puis-je être altruiste en punissant quelqu'un ? Une expérience complémentaire du dilemme social permet d'expliquer ce concept. Elle se déroule ainsi : une troisième personne, un observateur, surveille Matthieu et moi-même en train de participer à ce jeu. Nous ne nous connaissons pas, mais l'observateur, en l'occurrence Tania, peut nous voir tous les deux. Tania remarque que Matthieu m'envoie 10 euros et que je ne redonne rien. D'une certaine manière, j'ai triché. Matthieu a eu confiance en mon altruisme, mais je n'ai rien rendu. L'aspect le plus intéressant de cette extension de l'expérience est que Tania a la possibilité de me punir. Comment ? Elle a un peu d'argent à sa disposition et peut dépenser 1 euro pour me faire perdre 3,16 euros.

Pourquoi devrait-elle me punir ? Il existe une obligation implicite entre Matthieu et moi-même : lorsque Matthieu m'envoie de l'argent, je suis tenu de lui en redonner une certaine partie. Tania pourrait donc vouloir me punir parce que j'ai enfreint une obligation sociale. C'est un point très important, car si elle me punit aujourd'hui, je n'escroquerai pas quelqu'un d'autre demain, sachant désormais qu'il y a d'autres personnes dans le monde qui pourraient sanctionner ma conduite égoïste. Cette sanction opère de façon subtile puisqu'elle a une fonction altruiste dans la mesure où elle m'incite à me comporter à l'avenir d'une manière pro-sociale.

La communication de Richard Davidson comporte une expérience qui ressemble à la nôtre, mais il existe quelques différences notables. Dans son jeu de redistribution, le transfert est à sens unique – la personne A donne de l'argent à la personne B, mais la personne B ne peut rien donner en retour, alors que dans mon expérience, il existe une possibilité de réciprocité. L'expérience du dilemme social comporte également une dimension de « confiance » qui n'existe pas dans le jeu de redistribution. Enfin, dans l'expérience complémentaire du dilemme social, la troisième personne ne peut pas redistribuer d'argent aux deux autres personnes. Elle ne peut que sanctionner la personne B.

Dalaï-lama : Cela ressemble beaucoup à la compréhension bouddhiste de la valeur de la punition, par exemple, au sein de la discipline monastique, afin qu'une personne ne prenne pas la mauvaise habitude de recommencer à l'avenir.

Ernst Fehr : Je suis tout à fait d'accord. Nous agissons parfois de la sorte avec nos enfants ; nous punissons pour des motifs altruistes afin d'empêcher que de mauvaises habitudes se développent.

Dalaï-lama : Je donne souvent un exemple tiré de ma propre enfance. Lorsque je faisais mes études, mon tuteur avait l'habitude de garder un fouet à côté de lui. Il s'agissait d'un altruisme vraiment rigoureux !

Ernst Fehr : Se pose alors la question suivante : lors de cette expérience, est-ce que Tania dépense de l'argent pour accroître mes dispositions pro-sociales ? Nous avons découvert que c'est l'objectif des gens. En fait, environ 50 % des participants de cette expérience ont adopté ce comportement. Ils ont puni dans un but altruiste. Ces résultats ont des implications très importantes dans le domaine économique et social que nous aborderons de façon exhaustive plus tard. Pour l'instant, le plus important est de constater que de nombreuses personnes ont confiance dans l'altruisme de leurs semblables. En fait, un pourcentage important de la population se comporte de manière altruiste.

L'une des questions clés qui n'a pas été résolue, mais qui pourra l'être en partie par Tania et Richard ainsi que par d'autres chercheurs, est de savoir dans quelle mesure nous pouvons changer les motivations et la personnalité des gens. La plupart d'entre nous ont également constaté que beaucoup de gens se conduisent de façon très égoïste. C'est un point très important, parce qu'il nous oblige à nous interroger sur la manière dont nous pourrions orienter le comportement des individus égoïstes vers des objectifs pro-sociaux.

Permettez-moi de vous exposer, pour conclure, pourquoi ce point semble si important. L'altruisme constitue une forme d'assurance sociale. Les altruistes viennent en aide si l'aide est requise. C'est très important. En l'absence d'État-providence, il ne reste plus que l'altruisme. En fait, il est possible d'affirmer que l'État-providence est en partie le résultat d'efforts altruistes.

L'altruisme accroît également le volume des échanges mutuellement bénéfiques. Pourquoi ? Tout simplement parce que nous sommes plus enclins à respecter nos engagements sociaux s'il y a des personnes dans notre société qui se comportent ou qui punissent de manière altruiste. L'altruisme concourt à renforcer des règles de coopération qui constituent le fondement même de la culture humaine, de la démocratie moderne et des libertés individuelles.

Chapitre 7

Les prémices d'une économie bouddhiste

(John Dunne)

John Dunne est maître de conférences au Département des religions de l'université d'Emory où il est également le cofondateur de l'Emory Collaborative for Contemplative Studies [Comité d'études contemplatives de l'université d'Emory]. Son travail se concentre sur différents aspects de la philosophie bouddhiste, sur les sciences cognitives et la pratique contemplative. Il intervient fréquemment comme traducteur des grands maîtres et érudits tibétains.

Selon le bouddhisme tibétain, l'authentique bonheur est fondé sur les ressources intérieures qui, associées à la connaissance juste, la vue et la pratique, peuvent être développées de façon illimitée. John explique comment il est possible de promouvoir ces ressources grâce à un entraînement laïc et expose un modèle d'économie bouddhiste initialement conçu par Tara Tulku Rinpoche. John Dunne, Sa Sainteté et Ernst Fehr discutent du fait de savoir s'il est plus efficace de transformer les individus ou bien les systèmes et les lois, lorsqu'il s'agit de promouvoir l'altruisme.

Ainsi que l'a souligné Matthieu, c'est toujours une tâche difficile de faire un exposé sur le bouddhisme devant Sa Sainteté. Si Matthieu grattait une allumette en plein soleil, je crains d'en gratter une qui soit mouillée ; je vais néanmoins faire de mon mieux.

Nous avons discuté de la notion de coût et de son rapport à l'altruisme et à la compassion. Prenons l'exemple de ce jeu d'argent impliquant la confiance. Supposons qu'Ernst et moi devions jouer à ce jeu : Ernst me donne 10 euros et je lui en rends 5. D'après la définition que nous en avons donnée jusqu'à présent, il s'agirait d'un acte altruiste. Mais pourquoi rendrais-je 5 euros à Ernst ? Parce que j'ai peur qu'un autre participant à ce jeu me punisse pour mon comportement égoïste. Donc, dans ce cas, ma motivation n'est pas d'apporter à Ernst un quelconque bienfait. Ma véritable motivation est de me protéger.

D'un point de vue bouddhiste, il est très important d'établir la distinction entre des activités qui sont réellement motivées par le but d'aider autrui, par opposition à d'autres qui ont certes un coût, mais qui sont animées d'une motivation différente. En tibétain, le terme général employé pour désigner la motivation est *kun long*[17] ; donc nous parlons ici de *shèn phèn kyi kun long*[18], c'est-à-dire « une motivation qui a pour finalité le bien de l'autre ».

En termes d'altruisme, ou d'acte altruiste, cette attitude signifierait, du moins en partie, que l'on cherche à faire le bien d'autrui parce que l'on redoute d'être puni. Au cours de cette expérience du jeu basé sur la confiance, d'autres joueurs me punissent pour ne pas avoir rendu une certaine somme d'argent à Ernst parce qu'ils sont peut-être en colère contre moi. Dans ce cas, selon la perspective bouddhiste, il ne s'agit pas d'altruisme. Toutefois, s'ils me punissent parce qu'ils veulent m'aider à me débarrasser d'une mauvaise habitude [l'avarice ou l'égoïsme], et qu'ils veulent que j'aide Ernst de sorte qu'à l'avenir, je ne le traite plus de façon malhonnête, alors il s'agit vraiment d'altruisme. Le rôle de la motivation ou *kun long* est donc ici essentiel.

Cette expérience pose également le problème de savoir s'il existe une action purement altruiste. Il ne s'agit pas simplement d'un problème de coût. Si l'on inclut la notion de coût dans l'équation, le pur altruisme devient alors une réalité très difficile à atteindre. En revanche, si l'on supprime cette notion de coût, et que l'on ne considère que la motivation, alors l'altruisme pur devient possible. Pour le dire très brièvement : selon le point de vue bouddhiste, l'altruisme bénéficie toujours à son auteur, parce que c'est un état mental sain et positif. Par conséquent, un acte altruiste qui n'apporterait aucun bienfait à son auteur est une impossibilité. C'est un paradoxe. Si l'on définit l'altruisme comme une action qui n'a pour seul but que le bien de l'autre, alors l'altruisme pur est possible, même si l'auteur de l'acte altruiste en retire certains bienfaits qu'il n'avait pas escomptés. Afin de clarifier ce point, examinons plus attentivement le développement de l'altruisme et de la compassion dans le contexte bouddhiste.

L'un des buts fondamentaux de la pratique bouddhiste consiste à développer les attitudes, les dispositions et les habitudes motivationnelles qui constituent la compassion et l'altruisme. Lorsque nous évoquons ces pratiques, nous sommes vraiment dans un contexte bouddhiste. Toutefois, il existe à l'heure actuelle des initiatives et des efforts différents destinés à développer des formes séculières d'entraînement au développement de l'altruisme et de la compassion. Thuptèn Jinpa s'est impliqué dans un tel projet au Center for Compassion and Altruism Research and Education [Centre de recherche et d'éducation sur la compassion et l'altruisme] aux universités de Stanford et d'Emory. Mon collègue Guéshé Lobsang Tenzin est engagé dans le développement d'une méthode d'entraînement laïc à la compassion. Je sais que les laboratoires de Tania Singer et de Richard Davidson ont fait des recherches analogues. Aussi est-il de première importance de connaître les éléments clés qui doivent être présents dans cet entraînement laïc afin que nous développions vraiment la compassion et les comportements altruistes qui en découlent.

L'un de ces facteurs essentiels est la reconnaissance de notre égalité, ou identité commune. Cette idée se fonde sur une forme d'axiome bouddhiste. L'instinct de reproduction est l'une des manières de comprendre le comportement humain. Telle est l'interprétation prévalant dans le milieu de la biologie. Toutefois, selon la perspective bouddhiste, la quête de bonheur est l'énergie qui anime tous les êtres sensibles. Ce postulat nous permet de considérer chaque être comme notre égal. En d'autres termes, le fait que nous recherchons tous le bonheur et que nous voulons éviter la souffrance est le fondement de notre égalité, et constitue ainsi notre motivation commune et essentielle.

Considérer tous les êtres comme fondamentalement égaux en vertu de ce principe permet d'éliminer la distinction d'appartenance à un groupe et de rejet envers un groupe étranger, attitudes qui rendent notre compassion et notre altruisme partiaux et inéquitables. Ce que nous devrions être capables de faire, pour le dire en utilisant le langage des neurosciences, c'est de déconnecter cette distinction d'appartenance et d'exclusion et de développer une compassion impartiale et universelle. Nous ne devons pas uniquement considérer les buts à court terme, mais également ceux à long terme. Cette faculté dépend de l'usage que l'on fait de notre intelligence, de nos stratagèmes et apprentissages conceptuels. Il y a un très beau résumé de cette idée dans un texte appelé *Chyun jug*[19] en tibétain (*Bodhicayâvatâra* en sanskrit), traduit en français par *La Marche vers l'Éveil*, composé au VII-VIIIe siècle par le grand saint et poète sanskrit Shantideva. Il dit : « Puisque nous avons tous un égal besoin d'être heureux, par quel privilège serais-je l'objet unique de mes efforts vers le bonheur[20] ? » Cette forme d'enseignement conceptuel, qui est en fait une sorte de réévaluation cognitive, est largement utilisée dans la pratique bouddhiste en tant que prémices au véritable développement de la compassion.

Lorsque l'on a développé un sentiment d'équanimité entre soi et autrui – en d'autres termes, une fois que l'on a éliminé cette distinction d'affiliation à un groupe et d'exclusion – et que l'on a acquis un sens plus large et plus vaste de son objectif à long terme, on commence alors à élargir le champ de sa pratique. Sa Sainteté a brièvement mentionné l'une de ces méthodes. Selon la pratique bouddhiste, on peut visualiser sa propre mère comme représentant le paradigme d'une personne authentiquement aimante, comme quelqu'un qui va activer ce que Tania appelle le système d'affiliation, qui est le système neurobiologique corrélé au sentiment naturel de connexion et d'empathie que l'on ressent envers les membres de son groupe. Chez les primates, ce système semble être particulièrement fort dans la relation entre les parents et leur progéniture. Les pratiques bouddhistes tirent parti de ce sentiment naturel de connexion et d'empathie en ayant recours à la méthode qui consiste à visualiser notre propre mère comme un moyen d'activer efficacement ce système. Puis, on s'appuie sur une autre méthode pour étendre ces sentiments à tous les êtres. Il y a une phrase célèbre en tibétain qui dit : « *ma gyur sèm chèn tamché*[21] », ce qui signifie : « Tous les êtres sensibles, nos mères. » Prendre pour support la tendance naturelle à la compassion dans la relation mère-enfant et l'étendre à autrui est une méthode très puissante.

Cette pratique dépend beaucoup de l'intelligence. Elle dépend également, dans une plus faible mesure, de facteurs culturels. J'ai eu l'occasion de traduire à différentes reprises aux États-Unis des enseignements portant sur cette méthode, et il y avait immanquablement une personne qui se levait pour dire : « Mais je n'aime pas vraiment ma mère. »

Dalaï-lama : Nous constatons ce type de réaction chez les Tibétains également. Bien sûr, cela dépend également de la mère. Certaines sont vraiment épouvantables.

John Dunne : Je suis heureux de dire que la mienne était une excellente mère.

Dalaï-lama : Oh, c'est très bien ! La mienne aussi.

John Dunne : Mais qu'il s'agisse de sa propre mère ou de quelqu'un d'autre, il y a toujours une personne qui peut susciter ces sentiments d'amour et de compassion.

Il y a un sujet dont nous n'avons pas parlé : pourquoi, dans la perspective bouddhiste, développons-nous la compassion ? L'affirmation ici, et il s'agit vraiment d'une affirmation empirique, est que notre égocentrisme inné altère notre connaissance [de soi et de la réalité], de telle sorte que cette altération entrave notre quête du bonheur. Pour le formuler autrement, disons que notre égocentrisme déforme notre expérience du monde d'une façon telle qu'il nous empêche de l'appréhender avec clarté. Étant donné qu'une compréhension claire du monde nous fait défaut, les tentatives que nous faisons pour être heureux échouent précisément parce qu'elles reposent sur cette information extrêmement partiale que constitue l'égocentrisme.

En développant le souci d'autrui, en passant de l'égocentrisme à la sollicitude envers l'autre, nous donnons une chance à la sagesse ; nous nous donnons également une plus grande chance de voir le monde avec clarté. Et, chercher à faire le bien d'autrui a pour conséquence indirecte le développement en soi-même d'un authentique bonheur. Il y a ici une sorte de paradoxe, ou d'ironie, dans le fait que si l'on tente de réaliser directement son propre bonheur – en se disant par exemple : « Je vais faire du bien à Ernst afin d'être heureux » –, cette stratégie ne fonctionne pas. Toutefois, si je suis sincèrement animé par le souhait de faire du bien à Ernst, mon propre bonheur se développera en même temps. Telle est l'affirmation bouddhiste.

J'aimerais citer un autre verset magnifique de Shantideva : « Tous ceux qui sont malheureux le sont pour avoir recherché leur propre bonheur ; tous ceux qui sont heureux le sont pour avoir cherché le bonheur d'autrui[22]. » C'est un verset extra-ordinaire. C'est également un véritable défi. Cette citation souligne l'idée selon laquelle les gens les plus heureux sont ceux qui se concentrent sur le bonheur d'autrui.

Tels sont les deux aspects fondamentaux des pratiques de la compassion dans le contexte bouddhiste. Le premier est l'importance de l'intelligence qui consiste à adopter cette vaste perspective que Votre Sainteté a mentionnée, en éliminant la distinction entre l'appartenance à un groupe et l'exclusion. Le second est une méthode de visualisation qui consiste à se rappeler des personnes ou des événements liés à la bonté et à la compassion afin de se connecter à ce système d'affiliation, de s'administrer une petite dose d'ocytocine, pour ainsi dire. Ces deux éléments sont-ils aussi pertinents dans le cadre d'un entraînement laïc et efficace pour la compassion ? Peut-on les mettre en œuvre dans un contexte séculier ?

Dalaï-lama : Bien sûr. Le monde entier est maintenant devenu totalement interdépendant. Je pense que telle est la nouvelle réalité. Le monde entier fait partie de moi ; que cela nous plaise ou non, c'est ce qui s'est produit. La Suisse ne peut pas rester isolée, totalement indépendante du reste du monde, n'est-ce pas ? Vous avez un lien direct avec le monde, du moins avec l'Union européenne. C'est la nouvelle réalité, n'est-ce pas ? Selon cette nouvelle réalité, une attitude altruiste consiste à considérer l'humanité comme faisant partie de moi-même ; mon avenir dépend d'elle. Je pense que cela s'applique également à la nécessité d'une éthique laïque universelle.

Je ne suis pas en train de parler de mon bien-être dans ma prochaine vie ou au paradis, mais en cette vie-ci. Il me semble avoir dit plus tôt que l'altruisme n'était pas seulement une notion bouddhiste. Pour ceux qui croient en Dieu, tout provient d'une même origine. Il y a donc là une égalité. Je pense que l'on peut utiliser cette idée comme base de l'altruisme.

John Dunne : Il est très intéressant de constater que dans les programmes laïcs de formation à la compassion qui ont été conçus, ces concepts d'interdépendance et d'interconnexion ont émergé très naturellement. Ils semblent fonctionner indépendamment d'un contexte religieux donné.

Dalaï-lama : C'est vrai.

John Dunne : Ils fonctionnent dans la mesure où ils engendrent des comportements altruistes et compassionnels. Ils soulèvent, toutefois, un problème selon le bouddhisme. Notre écueil fondamental est de nous méprendre sur la nature du bonheur et de ses véritables causes. Nous nous retrouvons souvent en train de courir après des ressources extérieures, au lieu de développer les ressources intérieures indispensables au vrai bonheur. Ce qui ne veut pas dire que les ressources extérieures sont inutiles mais qu'elles ne suffisent pas, en tant que telles, à constituer les causes du bonheur.

J'aimerais brièvement dire quelques mots sur une notion dont m'a fait part Tara Tulku Rinpoche il y a quelques années et qui porte sur une forme d'économie bouddhiste. Nous commençons par la prémisse suivante : puisque nous recherchons le bonheur, les ressources les plus importantes sont celles qui mènent à ce but. Ici, l'affirmation consiste à dire (mais encore une fois, il s'agit d'une affirmation empirique qui doit être vérifiée) que ces ressources sont essentiellement intérieures et revêtent donc la plus haute importance pour nous. C'est un point très positif, parce qu'il est possible de les développer de façon illimitée en adoptant des comportements qui ont pour but le bien d'autrui.

On pourrait ainsi transformer l'économie de sorte que les ressources intérieures deviennent le point essentiel de nos calculs. En d'autres termes, une forme d'économie bouddhiste considérerait ces ressources intérieures comme un facteur pertinent dans le cadre de nos échanges économiques extérieurs, de nos analyses des coûts et bénéfices. Si nous considérons ces calculs de coûts et bénéfices, nous pouvons dire qu'un gain au niveau des ressources extérieures comporte un coût intérieur. Ce matin, j'ai eu une discussion avec Bill George, qui m'a confié que l'on disait à une certaine époque que si un individu se mettait en colère au cours d'une transaction, cette réaction pouvait être un moyen efficace de faire davantage de profits. Mais la colère a un prix intérieur très élevé. Si l'on prend en compte ces ressources intérieures, l'analyse des coûts et bénéfices changera nécessairement.

Nous pouvons également aborder ce problème d'un point de vue extérieur. On estime généralement que certaines émotions, comme la colère, peuvent avoir un impact sur la santé de chacun. Donc, si l'on ne garde pas présent à l'esprit l'impact de nos actions extérieures sur nos ressources intérieures, les conséquences peuvent très rapidement s'avérer désastreuses.

Inversement, une perte de ressources extérieures peut constituer un gain intérieur considérable. Dans le contexte bouddhiste, la générosité en constitue le meilleur exemple. Si quelqu'un offre un cadeau, cela représente une perte en termes de ressources extérieures, mais on estime que cet acte contribue précisément à cultiver les ressources intérieures dirigées vers le bien d'autrui qui mènent au bonheur. Cela signifie que la générosité est un jeu où tout le monde est toujours gagnant. Au niveau extérieur, le bénéficiaire est gagnant ; au niveau intérieur, le donateur est aussi gagnant. Je pense que c'est là le message principal de cette économie bouddhiste : il existe une nouvelle manière de configurer nos échanges économiques de sorte à ce qu'il y ait davantage d'occasions pour les participants d'être gagnants.

Dalaï-lama : Si vous employez l'expression *économie bouddhiste*, on peut immédiatement avoir l'impression qu'il s'agit d'une forme de système monétaire économique propre au bouddhisme, tandis que si vous parlez d'*économie intérieure*, la confusion sera en partie dissipée. Mais je me demande s'il est approprié d'utiliser le terme *économie* dans ce contexte. Selon la conception bouddhiste, il existe une notion que nous appelons les Sept Nobles Richesses, ou *phak pai nor dun*[23]. Elles comprennent des valeurs telles que la confiance, la sagesse, l'intégrité morale, la générosité, etc. Pouvons-nous légitimement utiliser le terme *économie* pour désigner ces valeurs ?

John Dunne : Votre Sainteté, c'est là une excellente question. Certains chercheurs ont repris cette idée. Parce qu'il m'a été utile de les rencontrer et de lire leurs ouvrages, j'aimerais indiquer quelques références. Maria Heim[24] a écrit un livre remarquable sur le don dans le bouddhisme ; Andy Rotman[25], pour sa part, a souligné l'usage très fréquent de métaphores économiques qui font référence à ces ressources intérieures. Je pense donc qu'il est difficile de les qualifier de richesses au sens littéral du terme, mais sans doute peut-on utiliser ce mot dans un sens métaphorique.

Le problème que nous rencontrons en qualifiant ces ressources personnelles d'économie intérieure réside dans le fait que nous parlons de ressources à la fois intérieures et extérieures. Je ne veux pas dire par là que les échanges extérieurs n'entrent pas en ligne de compte : en fait, selon le bouddhisme, ils sont très importants pour développer les ressources intérieures.

Dalaï-lama : Oui.

John Dunne : Donner, l'acte de générosité (*jin pa thong ba*[26]), est très important en tant que moyen de développer ces ressources intérieures ; aussi est-il possible de parler d'une forme d'économie holistique qui est à la fois extérieure et intérieure.

Dalaï-lama : Holistique. Oui, c'est tout à fait ça.

Ernst Fehr : En tant qu'économiste, ma façon de penser m'amène à poser la question suivante. On apprend aux économistes à considérer les préférences des gens comme un fait acquis. Il n'est pas question de les traiter avec condescendance. Par « préférences », j'entends les désirs et les buts des individus. Lorsque les économistes réfléchissent aux moyens d'améliorer la société, de rendre le monde meilleur, ils pensent avant tout à réformer les lois, les institutions, la réglementation, mais non pas à changer l'homme.

Par exemple, beaucoup ont dit que l'avidité avait précipité la crise économique. C'était sûrement l'un des facteurs de cette crise. Mais, comment puis-je résoudre ce problème ? Dois-je envoyer les gens cupides en camp de rééducation pour leur apprendre à devenir altruistes, ou bien dois-je changer les lois et les réglementations de telle sorte que la cupidité de leurs désirs soit canalisée de façon pro-sociale ? En tant que chercheur en sciences sociales, je choisis évidemment cette dernière option : changer les lois, les normes sociales et les réglementations. Je cherche à apporter une solution collective au problème, et non pas une solution individuelle.

Aussi, la question que je vous pose est la suivante : comment envisagez-vous ce problème d'un point de vue bouddhiste ? Quelle valeur accordez-vous au fait de changer les gens, par opposition au fait de changer la société, dans le sens de réformer ses institutions et ses lois ?

Dalaï-lama : Je pense que les deux sont d'une égale importance. Tant que les gens, dans leur ensemble, ne changeront pas de mode de vie et de mode de pensée, tant que ces changements ne se produiront pas, quelle que soit la perfection de vos lois, la corruption persistera d'une façon ou d'une autre. Lors d'une récente conversation, l'un de mes amis indiens m'a confié que certaines lois, au niveau fédéral comme au niveau de l'État, étaient excellentes, mais que leur application ne suivait pas. Les gens qui ont la responsabilité de les mettre en œuvre ne le font pas correctement. À supposer que nous ayons d'excellentes résolutions sur le papier, si les gens chargés de les faire appliquer sur le terrain ne s'en acquittent pas comme ils le devraient, la situation devient très difficile.

On ne peut pas blâmer seulement ces personnes. Elles sont issues d'une société où l'on n'accorde pas beaucoup d'importance à l'altruisme ni au souci du bien-être de l'autre. Les gens qui viennent de ce type de société adoptent ces comportements laxistes. Il nous faut donc travailler vraiment à ces deux niveaux – collectif et individuel – et nous attaquer à la source du problème, c'est-à-dire l'éducation. Nous discutons souvent du système éducatif. Si dès le départ, dès le jardin d'enfants, nous apprenons aux enfants à être conscients de l'autre, l'altruisme fera partie de leurs habitudes. C'est alors qu'existe une réelle possibilité de changer la société et, de fait, d'instaurer un changement à l'échelle du monde.

Dans certaines régions reculées de l'Inde, tout comme autrefois au Tibet, il existe des communautés dans lesquelles les gens ne ferment jamais leurs portes, parce qu'ils sont foncièrement honnêtes et font preuve de discipline personnelle. Ce ne sont pas des voleurs ! Une personne qui a faim peut venir prendre de la nourriture et personne ne protestera. Dans certains cas, les choses sont ainsi parce que ces personnes, étant extrêmement pauvres, n'ont donc rien à perdre. Mais en général, elles sont si ouvertes, si confiantes que tout étranger qui arrive est le bienvenu. Ces personnes partagent leurs ressources en parts égales. Il s'agit, bien sûr, de populations restreintes qui ont un mode vie très simple. Parfois, un style de vie plus luxueux et plus sophistiqué augmente l'avidité. Si vous devenez vous-même plus cupide, vos voisins à leur tour adopteront le même comportement ; c'est alors que s'élève la suspicion. Ces sentiments surgissent automatiquement.

Je vais vous citer un autre cas. L'un de mes amis tibétains, qui est un très bon moine et un pratiquant très assidu, est devenu l'abbé de l'un des monastères du nord de l'Inde. Un jour, je suis entré dans sa chambre et j'ai vu un placard qui n'était pas fermé. Je lui ai demandé : « Alors, ici, vous ne fermez pas les armoires ? » Il m'a répondu : « Je n'ai rien dedans ! »

Cela me rappelle une histoire à propos de Milarepa, le célèbre saint et poète tibétain. Il était dans sa grotte, une nuit, quand un voleur a fait irruption. Milarepa a éclaté de rire en disant au voleur : « Qu'est-ce que tu peux trouver ici que je ne trouve pas en plein jour ? »

Chapitre 8

L'économie du bonheur

(Richard Layard)

Lord Richard Layard est professeur émérite d'économie à la London School of Economics. Il a été le fondateur et directeur du Centre for Economic Performance et dirige actuellement le Wellbeing Programme. Ses travaux sur le chômage, l'enfance, la santé mentale et le bien-être ont influencé les politiques gouvernementales menées en Grande-Bretagne, et ailleurs dans le monde.

De nombreux théoriciens laissent entendre que la compétition est indispensable pour stimuler la croissance de l'économie qui, elle-même, apportera une augmentation du bonheur. Dans son exposé, Richard Layard nous explique pourquoi les niveaux de bonheur sont restés stationnaires en dépit d'une croissance sans précédent des revenus et de l'amélioration de la qualité de vie. William Harbaugh, Sa Sainteté, et d'autres intervenants participent à ce débat afin de déterminer comment l'âge, la confiance dans nos semblables, l'espérance de vie et la comparaison sociale affectent notre bonheur et nos capacités à changer nos priorités au niveau sociétal et biologique.

Votre Sainteté, c'est une grande joie de pouvoir discuter de ces problèmes avec vous, particulièrement en cette période de réévaluation de l'économie. Mon intention au cours de cette séance est d'examiner la situation à une plus grande échelle, c'est-à-dire en envisageant l'économie et la société dans leur ensemble. Comment devraient-elles être conduites afin d'engendrer un maximum de bonheur pour la population ? C'est la question fondamentale à laquelle la théorie économique a tenté de répondre depuis deux siècles.

Lorsque nous réfléchissons aux rôles respectifs de la compétition et de la coopération pour établir des systèmes économiques prospères, nous devons établir une distinction entre les individus et les organisations. Je pense que nous sommes tous convaincus que la coopération doit être le principe de base des relations entre les individus. Néanmoins, les économistes sont persuadés que, s'agissant des organisations et, en particulier, des entreprises commerciales, c'est la compétition qui doit prévaloir car elle incite chaque organisation à donner le meilleur d'elle-même pour, si possible, obtenir de meilleurs résultats que ses concurrents. Une organisation, lorsqu'elle est soumise à un défi externe pour obtenir de bons résultats éviterait de tomber dans le laisser-aller et la corruption.

Ces deux types de rapports sont fondamentalement différents. Adam Smith, le fondateur de la théorie économique moderne, a souligné l'importance des deux. Mais la plupart des théories économiques ultérieures ont eu tendance à mettre l'accent sur un seul, la compétition, non seulement pour les relations entre les entreprises, mais également entre les individus. C'est ce qui a fait que l'économie s'est vue qualifiée de *science funeste*. Bien sûr, il existe différents courants de pensées en économie, mais au cours de ces trente dernières années, l'idée que la compétition est nécessaire entre entreprises et également au sein des entreprises est devenue dominante.

Il est important de comprendre que la théorie économique n'est pas une conspiration mais un exercice intellectuel idéaliste. À en croire la proposition principale de la théorie économique, les marchés libres et compétitifs engendreront un bonheur maximal pour la population à la seule condition que chacun s'en remette au marché. Cette théorie a, bien entendu, de nombreuses limites.

Tout d'abord, nombre d'éléments jouant un rôle clé dans le bonheur des êtres humains sont le produit de rapports qui se déroulent hors marché. Ils proviennent de relations tissées à l'intérieur du cercle familial, ou entre collègues sur le lieu de travail – en dehors de toute relation marchande –, ou encore au sein d'une communauté, entre amis, ou avec les gens que l'on croise dans la rue. Ces rapports sont décisifs pour forger l'expérience d'une vie heureuse.

La compétition pour augmenter notre compétitivité et nos revenus nous a fait négliger cet aspect des relations humaines. Résultat : nous avons connu une amélioration sans précédent de nos niveaux de vie et de nos revenus financiers sans que ces bénéfices ne débouchent sur un accroissement de notre bonheur. C'est de ce paradoxe que je désire vous entretenir.

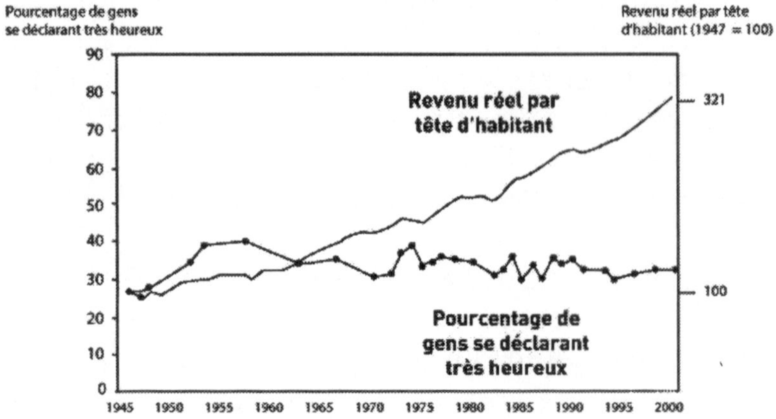

Figure 15 : Rapport entre bonheur et revenu sur une période de temps donné (États-Unis)
Le revenu réel par tête d'habitant mesure la quantité de biens et de services produits par habitant dans une population donnée ; le pourcentage est calculé sur la base du revenu de 1947.

Nous constatons, durant la période de l'après-guerre aux États-Unis, de 1945 à 2000, une amélioration considérable des niveaux de vie. Et pourtant, le pourcentage de personnes se déclarant très heureuses n'est pas plus élevé dans les années 2000 qu'il ne l'était dans les années 1950. Le pourcentage de personnes qui ne s'estiment pas très heureuses est également le même.

Dalaï-lama : À partir de 1945 ou 1950, immédiatement après la guerre, le niveau de bonheur est élevé alors que les revenus sont bas. Pendant la guerre, il y a eu beaucoup de souffrances et d'angoisse suivies, immédiatement après la fin des hostilités, d'un accroissement du bonheur. Ce phénomène est sans doute dû au soulagement. Sinon, ces données pourraient porter à croire que lorsque l'économie est en baisse et qu'il n'y a pas de croissance, le bonheur est en hausse.

Richard Layard : Nous avons des données similaires pour la Grande-Bretagne et l'Allemagne de l'Ouest. Cela signifie que même dans des pays aussi riches que ces deux nations l'ont été après la reconstruction, les gens ne ressentent pas un niveau de bonheur plus élevé quand la société s'enrichit.

William Harbaugh : Si on observe les graphiques, le bonheur demeure au même niveau sur le long terme. Au cours de la période en question, le bonheur n'augmente pas, alors que les revenus s'accroissent de manière significative, c'est bien cela ? C'est ce que je n'arrive pas à comprendre. Remplacez la notion de revenus par celles de survie des enfants en bas âge ou de durée de vie, ces statistiques s'accroissent également de manière spectaculaire pour la même période, sans pour autant qu'il y ait une augmentation du bonheur. Je me demande donc à quoi correspond véritablement votre mesure du bonheur ? Si mon espérance de vie augmente et que les chances de survie de mes enfants s'accroissent, je suis sûr que j'en serais plus heureux, et pourtant vos données n'en font pas état.

Richard Layard : Le critère d'évaluation que nous utilisons consiste simplement à demander aux gens s'ils sont heureux. Nous leur posons différentes questions : « Êtes-vous heureux dans votre vie actuellement ? Votre vie actuelle vous satisfait-elle ? » Bien sûr, vous pourriez me dire : « Il ne s'agit que de simples mots rapportés par quelques individus. Est-ce vraiment significatif ? » Si chacun de nous déclare jouir d'un certain niveau de bonheur et que nous faisons appel à un ami pour témoigner du niveau de bonheur qui à son avis est le nôtre, et s'il y a une forte corrélation entre son estimation et notre propre déclaration, alors ce résultat est très encourageant.

Voilà qui est rassurant car il serait très difficile pour nos sociétés de fonctionner si nous ne pouvions pas capter des indices qui nous renseignent sur le niveau de bonheur ressenti par une autre personne. Je fais cette remarque afin de contrecarrer l'attitude de ceux qui mettent en doute la possibilité de déterminer réellement le degré de bonheur des gens. Nous savons, en particulier d'après les travaux de Richard Davidson, que nous pouvons localiser une activité cérébrale corrélée au degré de bonheur que déclare éprouver une personne, sur n'importe quel sujet et à n'importe quel moment. Nous devons donc prendre très au sérieux l'affirmation personnelle de quelqu'un se déclarant heureux.

Vous me direz : « Comment les gens peuvent-ils faire ce type de réponses témoignant qu'il n'y a pas de croissance de bonheur, alors que tant de facteurs s'améliorent ? » En ce qui concerne l'espérance de vie, j'aimerais faire une remarque importante. L'objet de mon propos était la qualité de vie, à un moment précis de l'existence. La durée de vie est une tout autre affaire. De nombreux chercheurs en sciences sociales estiment que la meilleure façon de mesurer le bien-être d'un pays est la qualité de vie évaluée en termes d'années vécues et d'espérance de vie.

Dalaï-lama : Y a-t-il une réelle corrélation entre l'espérance de vie et le bonheur ? Il est évident que la santé physique est étroitement liée aux émotions. La peur et la colère constantes écourtent notre existence. Par contre, avoir une longue vie grâce à un corps en bonne santé et à d'autres facultés saines ne garantit pas nécessairement le bonheur subjectif d'une personne. Je ne le pense pas, mais je ne sais pas. Tous les intervenants sont des spécialistes. Ils s'appuient sur des recherches, alors que ce n'est pas mon cas.

William Harbaugh : Richard le sait mieux que moi, mais je pense qu'en général le bonheur s'accroît au fil des années. Je crois que c'est vers l'âge de 65 ans qu'il atteint son apogée, n'est-ce pas ?

Richard Layard : Oui. Selon l'opinion communément admise, il décline considérablement jusqu'à environ 45 ans et, dans la plupart des cas, il augmente à nouveau à partir de cet âge.

Dalaï-lama : Certains de mes amis m'ont dit que le monde moderne est si obsédé par la jeunesse que vieillir procure le sentiment d'être inutile. C'est tout à fait possible. Si la culture est très axée sur les jeunes, lorsque vous vieillissez, vous vous sentez de moins en moins adapté à la société et vous avez l'impression d'être improductif.

Mais au fond, je suis d'accord avec vous. À 30, 45 ou 50 ans, l'on acquiert une plus grande expérience qui permet d'avoir, au moins comparativement, une perspective plus large et plus holistique. Cette vision aide à maintenir un meilleur équilibre de nos émotions. Sur ces points, je suis donc tout à fait d'accord.

Richard Layard : Oui, ce que vous dites est très juste, particulièrement en ce qui concerne les sociétés occidentales. À partir de 75 ans environ, mes résultats montrent un déclin du bonheur parce que, comme vous le savez, les personnes âgées sont mises à l'écart dans les familles. En Occident, elles ne vivent pas dans un environnement chaleureux.

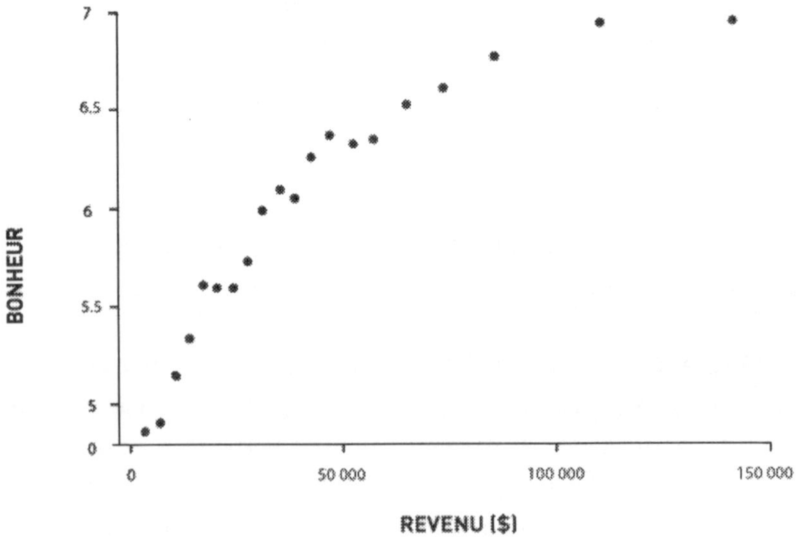

Figure 16 : Rapport entre bonheur et revenu (États-Unis)

Nous sommes confrontés à un autre paradoxe. La plupart des gens voudraient être plus riches ; en fait, nous constatons que dans une société donnée et à un moment précis, les individus les plus riches sont, en général, plus heureux que les personnes plus pauvres. C'est une triste constatation mais elle est réelle. Les données pour une année précise aux États-Unis montrent que les groupes jouissant de revenus importants ont des niveaux moyens de bonheur plus élevés que les gens démunis, bien qu'ils aient tendance à plafonner au sommet de l'échelle sociale.

Un individu devient plus heureux s'il s'enrichit, mais sur le long terme, un pays dans son ensemble n'est pas plus heureux lorsqu'il devient plus prospère. Ce phénomène s'explique par le fait que les gens se comparent les uns aux autres. Si un individu s'enrichit, il est important pour lui d'être plus riche *par rapport* à d'autres personnes. Pour cet individu, c'est la richesse comparée qui joue un rôle important dans son bonheur.

Mais chaque fois que le niveau de revenu relatif d'un individu s'élève, celui d'un autre diminue. C'est un point significatif et crucial, parce qu'il nous démontre que la lutte pour accroître les revenus est, dans une certaine mesure, vaine. Elle est incapable de produire davantage de bonheur. C'est ce que l'on appelle en langage technique un *jeu à somme nulle*. Le montant total que l'on peut obtenir est déterminé ; le seul changement que l'on puisse opérer est une modification de la répartition du montant total[27].

Avoir pour objectif global d'augmenter les revenus n'a donc pas de sens pour une société. De nombreux chercheurs en sciences sociales considèrent d'ailleurs que la croissance économique ne devrait plus être l'objectif principal des sociétés occidentales. Le sujet devient même politique avec le Président Nicolas Sarkozy, l'Organisation de Coopération et de Développement Économique (OCDE) et d'autres organisations qui s'interrogent sur ce que nous devons entendre par « progrès ». Si nous voulons échapper à la compétition acharnée pour un jeu à somme nulle, nous devons nous fixer un autre objectif. Si nous voulons que nos sociétés ne stagnent pas dans la basse plaine du bonheur, mais qu'elles s'élèvent vers un plus haut plateau, nous devons nous concentrer sur les sources du bonheur, ce bonheur qu'il est toujours *possible* d'accroître puisqu'il provient d'activités à somme positive où chaque protagoniste est gagnant lors de l'interaction. Cela signifie que nous devons accorder beaucoup plus d'attention aux relations humaines et moins à la croissance économique.

J'ai la ferme conviction que la croissance économique doit signifier « mieux produire », car cette croissance-là est sans fin. Je ne suis pas d'accord avec le concept de croissance zéro. Nous devons, naturellement, réduire de façon drastique notre utilisation des ressources naturelles, mais nous allons devenir de plus en plus performants dans notre manière de gérer les problèmes, ce qui créera de la croissance économique. La continuité de la croissance proviendra de la force créatrice de l'esprit humain. C'est un développement positif, même si là n'est pas l'essentiel. L'élément crucial réside dans la qualité des rapports humains que nous ne devons plus sacrifier sur l'autel de la croissance, comme nous l'avons fait ces dernières années.

Pour vous donner un exemple, certains dans le monde de la finance ont réussi à obtenir une diminution de la régulation du système financier. Selon eux, cela devait permettre une croissance économique plus rapide. Est-ce vrai ou faux à long terme ? On peut toujours discuter la réponse mais il est une question qui se posera dans tous les cas : le coût d'une telle dérégulation. Quiconque s'était donné la peine d'y réfléchir savait que ce coût serait une moindre stabilité du système économique. Ce qui signifie une probable augmentation du chômage, et donc de plus en plus de gens perdant leurs relations de travail, qui sont l'une des principales sources de satisfaction humaine. Mais des cercles d'économistes – particulièrement ceux rattachés à l'École de Chicago – ont voulu persuader leurs collègues que la croissance économique sur le long terme était plus importante que la stabilité du système et la lutte contre le chômage. Un argument choquant qui a néanmoins été largement accepté.

Bien sûr, nous pourrions nous poser la question suivante : puisque les bénéfices économiques engendrés par la compétition ne contribuent pas vraiment au bonheur, pourquoi n'envisagerions-nous pas d'autres formes d'organisation sociale ? Pourquoi ne pas considérer, par exemple, un système économique intégralement fondé sur la coopération ? Ce fut, bien sûr, la théorie communiste où chaque partie du système devait coopérer afin de contribuer activement au bien commun.

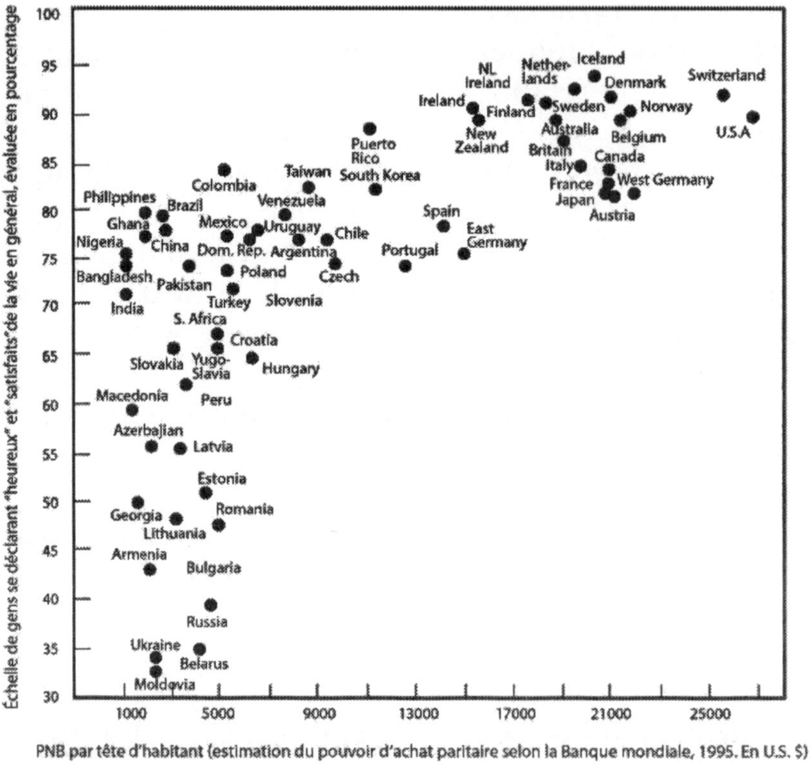

Figure 17 : Le capitalisme est-il une erreur ?

Nous avons constaté que si l'on n'accepte pas l'économie de marché, on restreint également de nombreuses libertés. C'est le problème fondamental de cette idéologie qui a rendu les sociétés communistes très malheureuses. Ainsi que le montre la figure 17, les anciens pays communistes faisaient tous partie, à l'époque de la fin du communisme, des nations les plus malheureuses que l'on ait jamais connues. Des pays ayant des revenus semblables, mais n'étant pas communistes – que nous appelons aujourd'hui des pays en voie de développement –, affichaient des niveaux de bonheur plus élevés. Les pays développés étaient, eux, encore plus heureux. La différence des niveaux de bonheur entre les nations en voie de développement et le monde développé est due au fait que les premières échappent à la pauvreté absolue. Mais en ce qui concerne le monde développé, nous en revenons à ma remarque préliminaire selon laquelle la pauvreté absolue n'est pas le problème majeur. À l'heure actuelle, le véritable problème est celui de la comparaison des niveaux relatifs de revenus à l'intérieur d'une société. C'est la raison pour laquelle la croissance économique n'engendre pas d'augmentation du bonheur, et ne peut donc pas constituer l'objectif principal d'une société moderne.

Dalaï-lama : J'ai entendu dire que lorsque vous comparez les niveaux de bonheur des populations de la Grande-Bretagne et de Cuba, le niveau de bonheur serait plus élevé à Cuba. Pour quelle raison ?

Richard Layard : Cuba est un exemple intéressant. Le niveau de bonheur y est plus élevé comparé à des pays semblables jouissant du même niveau de revenus. Je suis sûr que cela s'explique par l'esprit de grande coopération qui y a été instauré ; mais il y a bien sûr d'autres contraintes liées à l'absence de liberté.

Le bonheur est devenu un problème politique pris

en compte par de nombreux pays. Par exemple, en Grande-Bretagne, le Bureau des statistiques envisage de mesurer régulièrement le niveau de bonheur de la population, comme alternative à l'évaluation du PNB. C'est devenu un phénomène international.

Mais nous en revenons toujours au même problème : comment faire pour accroître le niveau de bonheur ? Je pense qu'il y a deux éléments clés : les rapports que nous entretenons avec les autres, et notre vie intérieure. Tous deux sont indispensables et doivent contribuer à notre épanouissement. La confiance est l'un des points essentiels dans les rapports à autrui. L'une des questions les plus intéressantes posée dans de nombreux pays, depuis des années, est la suivante : « Estimez-vous que vous pouvez faire confiance à la plupart des gens ? » Dans les pays scandinaves, où l'indice de confiance est le plus élevé, environ 70 % des gens ont répondu « oui », mais dans un échantillon de nations de l'OCDE, comme par exemple le Portugal, le pourcentage tombe à 10. Il existe donc une très grande disparité. En Grande-Bretagne et aux États-Unis, le taux qui était auparavant de 60 % n'est plus aujourd'hui que d'environ 35 %.

Dalaï-lama : Je pense que nous ne pouvons pas généraliser en ce qui concerne la Grande-Bretagne, ou tout autre pays. Je crois qu'il existe des différences à l'intérieur d'un pays entre les gens qui résident dans les grandes villes et ceux qui vivent à la campagne où la population est plus réduite et le style de vie plus proche de la nature, comme parmi les gens qui travaillent la terre. Dans le cadre d'une plus petite nation, d'une communauté plus réduite, d'un faible nombre d'habitants, je pense que les relations personnelles sont plus fortes que dans une grande ville.

Richard Layard : C'est un facteur important, mais je pense que l'idéologie l'est également. Au cours des trente dernières années, l'individualisme a progressé de manière spectaculaire ainsi que la croyance selon laquelle le meilleur mode de vie pour un individu consiste à essayer de réussir aussi bien que d'autres personnes auxquelles il se compare. Cette attitude a conduit de nombreux individus à percevoir les autres comme une menace plutôt que comme un soutien. C'est ce mélange de styles de vie et de croyances quant aux buts de l'existence qui a débouché sur les différences de niveaux de confiance.

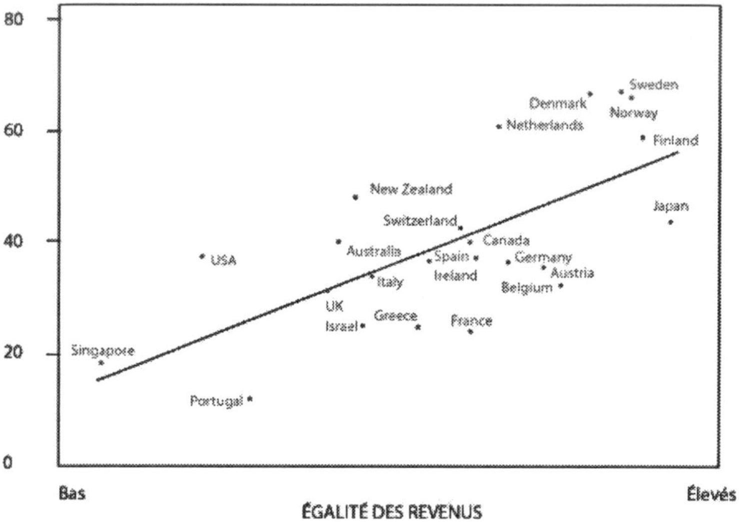

Figure 18 : Égalité et confiance vont de pair

J'aimerais conclure en vous faisant part de quelques suggestions sur la manière d'améliorer la confiance et la vie intérieure. L'égalité des revenus est un facteur étroitement lié à la confiance. Les pays qui jouissent du plus haut niveau de confiance, et en réalité de bonheur, sont les pays nordiques et la Hollande. Ce sont également les nations de l'OCDE les plus égalitaires en termes de répartition des revenus. Plus un pays est inégalitaire, plus le niveau de confiance est bas.

Il y a manifestement un rapport entre ces deux éléments, mais je ne pense pas que la répartition des revenus en elle-même affecte la confiance. Je crois plutôt que ces deux variables sont influencées à la fois par l'esprit d'égalité et par la force de l'opinion d'une communauté qui considère que l'on doit respecter les autres en tant qu'égaux, et que chacun a un droit égal au bonheur. Ce phénomène est beaucoup plus enraciné dans les pays nordiques que dans n'importe quel autre pays occidental ; il a, en outre, des retombées dans différentes sphères de la vie.

Le problème est de savoir comment reconstruire nos sociétés sur les bases plus solides du respect mutuel et de la considération pour l'égalité des droits au bonheur de chacun. Je pense que, dans le domaine de la politique sociale, l'école est extrêmement importante. Nous devons utiliser nos écoles pour créer une philosophie du respect mutuel. En Angleterre, il existe désormais un ensemble d'écoles qui proposent un système éducatif organisé autour de ces valeurs. Nous avons également de très bons programmes, fondés sur des données scientifiques, destinés à améliorer l'acquisition de ces valeurs. Dans le monde du travail, nous devons encourager un esprit de coopération au sein des équipes, en évitant de singulariser la contribution de chacun des membres de l'équipe et en évitant de les rétribuer de manière différente ; il faut payer chacun sur la base de la contribution et de la réussite de son groupe.

Je ne suis pas un spécialiste de la vie intérieure, mais je me suis beaucoup impliqué dans des projets destinés à améliorer le soutien dont bénéficient les personnes souffrant de troubles mentaux ; elles représentent l'un des groupes les plus scandaleusement négligés dans nos sociétés. Les gens s'en désintéressent, d'une part, parce qu'ils ne sont pas conscients de ce problème et, d'autre part, parce qu'ils ignorent l'existence de solutions. En Grande-Bretagne, nous avons des preuves que les problèmes de santé mentale augmentent chez les jeunes, mais d'autres éléments nous renseignent sur le taux de succès de nouvelles thérapies psychologiques. Ces thérapies ont été évaluées de manière scientifique et sont fondées sur de nombreux concepts propres à la pensée bouddhiste, qui consistent à porter un regard sur soi, à se comprendre soi-même, à développer sa nature positive, et ainsi de suite.

Avant de terminer cet exposé, permettez-moi de vous faire part d'une initiative à laquelle je suis associé et qui a pour ambition de transformer notre culture grâce à un mouvement de masse appelé Action for Happiness (Action pour le bonheur) que nous avons l'intention de lancer en Angleterre prochainement. Nous espérons que des personnes nous emboîteront le pas dans d'autres pays. Notre projet est de rédiger un manifeste dans lequel les gens s'engageront à créer davantage de bonheur et moins de souffrance dans le monde, dans toutes leurs actions publiques ou privées. Ils signeront ce manifeste sur notre site Internet et pourront par la suite former des groupes. Ils auront besoin de soutien : notre site prodiguera donc de multiples conseils aux groupes sur les démarches qu'ils peuvent effectuer pour promouvoir la paix intérieure ou la paix dans la société. Il y aura également une structure de soutien pour les manifestations prévues et bien d'autres choses encore.

Dalaï-lama : Je pense que c'est une initiative extrêmement encourageante. Jusqu'à présent, les spécialistes n'ont fait que souligner l'importance du développement économique, en concentrant toute leur énergie mentale et physique sur ce point. Récemment, à Washington, le Premier ministre indien a déclaré que l'Inde était derrière la Chine sur le plan de l'économie, mais que l'Inde possédait d'autres valeurs : la démocratie, un système judiciaire indépendant, la transparence, la liberté d'expression et d'information. L'Inde est détentrice de ces valeurs qui n'existent pas en Chine. J'étais très heureux de l'entendre insister sur ces points.

Je pense qu'à l'heure actuelle, lors des G7, G8 ou G20, tous les participants se concentrent sur les problèmes économiques, mais personne ne se préoccupe d'autres valeurs telles que le bonheur ou la satisfaction, la liberté individuelle, la véritable coopération fondée sur la confiance et le respect. De mon point de vue, la vraie coopération repose entièrement sur le respect des droits de nos semblables et sur l'amour d'autrui.

Un jour, j'ai rencontré un pratiquant soufi qui, au cours de notre entrevue, n'a prononcé que ces mots : «J'ai besoin de vous.» Je pense qu'actuellement le monde entier requiert ce type d'axiome. Je dis souvent que nous devrions éliminer la notion de «ils» ou «eux». Le pronom «nous» devrait être suffisant; le monde entier fait partie de nous. Il ne s'agit pas nécessairement d'une façon de penser «vieux jeu» ni d'un oubli altruiste de ses propres intérêts. Il s'agit plutôt de reconnaître : «Je désire le bonheur et afin de l'obtenir j'ai besoin de vous.» Au niveau économique et dans tous les domaines, les autres nous sont indispensables. Après avoir développé ce sentiment, cette vision, la confiance s'instaure. Nous commençons par tendre la main aux autres. Parfois leur réaction n'est pas très positive; nous sommes alors en droit de réagir en conséquence. Mais escompter que l'autre vous tende d'abord la main, sans avoir fait le premier geste, est une erreur. Nous devons prendre l'initiative; je pense que c'est ainsi que nous avons le plus de chances d'obtenir une réaction positive.

J'apprécie vraiment le fait que tous nos intervenants accordent tant d'importance aux valeurs intérieures. C'est mon principal centre d'intérêt. Mais il ne s'agit pas seulement d'intérêt : je suis persuadé que c'est l'élément le plus important pour construire un monde heureux. À partir du moment où vous témoignez de la considération et du respect à autrui, il n'y a alors plus de place pour la tricherie, l'exploitation, la brutalité; la confiance s'instaure, ainsi que la compétition comprise dans le bon sens du terme. La compétition positive, qui consiste à dire : «Je désire être l'égal de mes amis, de ceux qui me sont chers», est très bénéfique. Par contre, tenter d'entraver les efforts de vos semblables ou de leur créer des obstacles pour parvenir à vos fins constitue une compétition négative. Mais je pense que la compétition positive est une excellente chose.

Ernst Fehr : J'estime que les données fournies par Richard Layard sur le fait de nous comparer aux autres sont d'un intérêt fondamental. Nous nous comparons à autrui, à nos amis, collègues et voisins. Les recherches ont démontré que si leurs revenus augmentent, notre bonheur diminue. C'est choquant.

La comparaison sociale est à la base de cette équation; notre bonheur dépend de la façon dont nous évaluons notre situation par rapport aux autres, en termes de biens matériels. Et cette attitude nous confronte à un véritable défi : elle s'inscrit même dans notre biologie. Les données expérimentales nous fournissent l'exemple suivant. Bill et moi sommes engagés dans une tâche où nous réussissons tous deux. Pour une raison quelconque, je gagne 75 euros alors que Bill ne reçoit que 37 euros; mon cerveau m'informe que je suis plus satisfait de cette situation que si nous avions tous deux gagné 75 euros. C'est ainsi que fonctionne le processus de la comparaison sociale.

Cela signifie que cette attitude est réellement inscrite dans notre biologie et que si nous voulons progresser dans ce domaine, nous devons envisager de changer les êtres humains. Nous devons utiliser des outils pour modifier ce désir d'être en meilleure position que les autres, ainsi que juguler la réaction de douleur devant le succès d'autrui. Je pense que ce constat biologique apporte une dimension radicalement nouvelle à la tradition bouddhiste. Il représente également un défi pour nos écoles. Outre les changements institutionnels, nous devrions réfléchir aux moyens de réorganiser la vie sociale et la sphère privée afin de nous débarrasser de ces comparaisons sociales pernicieuses. Je pense qu'il est impossible de réaliser ces changements s'il ne se produit pas une transformation au niveau de notre personnalité.

Gert Scobel : Mais n'êtes-vous pas en train de dire qu'il faut changer les mécanismes biologiques ?

Ernst Fehr : Tout ce qui se passe dans le cerveau ne relève pas de la pure biologie. Ce que nous observons est bien souvent le résultat de nos expériences dans la vie sociale. Lorsque je parle de « biologie », je ne veux pas dire qu'il s'agit de quelque chose d'immuable, mais plutôt de processus profondément ancrés dans notre cerveau. Si quelqu'un réussit mieux que moi, alors un signal se produit dans mon cerveau ; mon système de récompense manifeste une plus faible activité. C'est une réaction qu'il nous faut modifier par la pratique et l'éducation.

Dalaï-lama : Oui, il est tout à fait plausible que notre façon de penser se reflète au niveau cérébral. Cette communication et d'autres discussions sur ce sujet nous aideront à accroître notre niveau de conscience, à ajouter d'autres dimensions à la compréhension du bonheur humain.

En général, nous nous focalisons uniquement sur l'argent, l'argent, et encore l'argent – et le pouvoir. Il n'y a que ça qui compte. Si les gens prennent conscience du fait qu'il existe d'autres sources de bonheur, ils leur accorderont davantage d'attention. Il y aura alors, je pense, une possibilité de changement. Je suis très impressionné par le fait que vous ne vous contentiez pas de paroles, mais que vous réfléchissiez à une forme de mouvement, à une façon de passer à l'action. Nous en avons besoin. Merci.

Chapitre 9
Pourquoi faire des dons ?

(William Harbaugh)

William (Bill) Harbaugh est professeur d'économie à l'université de l'Oregon. Il a effectué des recherches sur les raisons qui incitent les gens à faire des dons à des œuvres caritatives. Dans son travail de recherche, Bill utilise des méthodes qui vont de la théorie économique à l'imagerie neuronale IRMf, afin de démontrer que le phénomène de la « chaude lueur intérieure » constitue une puissante motivation dans l'acte de donner.

L'exposé de Bill a pour thème les coûts économiques et les bénéfices psychologiques engendrés par une action caritative. Les économistes soutiennent que même si le fait de donner est motivé par un véritable altruisme, néanmoins, de nombreuses personnes s'en abstiennent, en espérant que quelqu'un d'autre le fera à leur place, ce qui leur évite de contribuer en quelque manière que ce soit. Bill affirme que la chaude lueur intérieure propre à l'altruisme constitue une motivation alternative importante dans l'acte de donner, parce qu'elle concerne plus particulièrement les bénéfices qu'en retire le donateur.

Les systèmes économiques modernes sont conçus pour accroître le bonheur – mais le bonheur global, et pas de façon parfaite, surtout pour les plus démunis, ainsi que l'a souligné Richard. Dans notre système actuel, la recherche de l'intérêt personnel donne de bons résultats pour la société dans son ensemble. La façon dont cela fonctionne est très simple. On peut vendre ce que l'on produit à une autre personne si celle-ci attribue à l'objet en question une valeur supérieure que celle que nous lui attribuons ; d'un autre côté, si l'on fait quelque chose qui nuit à autrui, on devra payer pour cela. Telles sont les règles fondamentales du système de marché capitaliste.

Dans ce système, la notion de prix joue un rôle crucial, une double fonction. Tout d'abord, il suscite une motivation chez les gens. Si vous êtes un producteur, le prix est la somme que le consommateur vous remet. Vous pouvez l'empocher et le transformer en un objet que vous souhaitez acquérir. Ce prix vous motive pour travailler dur, envisager une manière de produire des biens à moindre coût et fournir des articles que les gens veulent acheter. Il ne s'agit pas d'une conduite répréhensible, mais d'un comportement bénéfique pour les gens.

Dans ce système de marché, le prix a également la fonction de fournir des informations. Lorsque vous êtes disposé à payer une certaine somme pour un produit, je sais alors ce qu'il vaut à vos yeux. C'est une information très importante qui permet à la société de fonctionner. Nous avons besoin de savoir quelle valeur les gens accordent à certains produits afin de structurer le système, ce qui nous permet ainsi d'accroître le bonheur de tous. La manière dont les prix fonctionnent est très intéressante, complexe et, en même temps, fascinante. Le système que nous avons mis en œuvre est très subtil. Il y a pourtant un grand « mais » dans ce beau système, et c'est la raison pour laquelle nous sommes réunis ici aujourd'hui.

La vérité, c'est que le prix n'est pas un élément isolé ; ses effets ont souvent des retombées. Imaginons, par exemple, que vous produisiez un bien quelconque et que le processus de fabrication occasionne de la pollution. Cette action nuit à d'autres personnes, mais il se peut que la réglementation en vigueur soit telle que vous n'ayez pas à les dédommager. Les économistes donnent le nom d'*externalité* à ce processus. La logique est très simple. Si je n'ai pas à payer le dommage que je vous ai causé, je peux l'ignorer, et si je ne me préoccupe que de mes propres intérêts, j'ai tendance à m'en moquer totalement. Le prix ne me fournit pas une motivation, pas plus qu'il ne me donne d'information. J'ignore dans quelle mesure cette pollution vous a nui, puisqu'il n'y a pas de coût en jeu.

Cela fonctionne également dans l'autre sens. Certaines choses très importantes, d'une grande valeur pour la société, bénéficient à des personnes qui n'ont pas forcément à en acquitter le coût. Il existe de nombreux exemples de ce type, mais je vais évoquer un cas spécifique qui sera, je pense, convaincant.

Il s'agit de l'aide ou de l'assistance sociale, ou de toute autre forme de soutien, apportées aux gens défavorisés de nos sociétés. La plupart d'entre nous sommes concernés par ce problème. Le bien-être des pauvres n'est pas un produit s'échangeant sur un marché, mais un bien commun. Si je me soucie des autres et si leur bien-être s'accroît, je me sens plus heureux, même si je n'ai pas contribué personnellement à améliorer leur sort. Je peux donc ressentir ce sentiment de bien-être sans y avoir contribué financièrement, si d'autres personnes les aident à ma place, j'en éprouve néanmoins une satisfaction.

Une telle attitude a pour conséquence un manque de soutien, une assistance et une aide insuffisantes pour les gens à faibles revenus dans nos sociétés développées ou dans les pays les plus pauvres. Les pays riches ne font pas assez pour aider les nations plus démunies ; ils espèrent qu'un autre s'en chargera. Nous devons trouver une solution à ce problème. Et l'alternative est simple : soit nous nous en remettons à la charité, soit nous prélevons des taxes pour forcer les gens à payer pour les plus pauvres.

Il existe de grandes différences dans la manière dont les pays traitent ce problème. Aux États-Unis, 68 % des familles contribuent à diverses causes caritatives, non seulement pour aider les plus démunis, mais également en faveur des institutions culturelles et éducatives, et d'autres organisations. De nombreuses personnes participent ainsi à des actions caritatives et donnent environ 2 % de leurs revenus. Ce pourcentage varie considérablement d'un pays à l'autre. Au Royaume-Uni, les gens donnent environ 1 %, de leurs revenus alors qu'en France ce chiffre est de 0,3 % et de 0,1 % en Italie.

Une des raisons pour lesquelles les Américains donnent autant, c'est tout simplement parce qu'il y a peu d'aide gouvernementale pour les pauvres, à la différence de la Suisse ou du Royaume-Uni et de la France. Mon propos ici n'est pas de dire qu'un pays est plus généreux qu'un autre, mais que la générosité peut revêtir différentes formes. Il existe également une intéressante variation des sommes données en fonction des niveaux de revenus. Les pauvres donnent un pourcentage étonnamment élevé de leurs revenus pour différentes causes caritatives. Les gens disposant d'un revenu annuel inférieur à 7 400 euros donnent 5 %. À mesure que les gens s'enrichissent, leurs contributions diminuent : les gens disposant de revenus annuels de 33 300 euros donnent en moyenne 1 %. Pour les revenus supérieurs à 74 000 euros, le pourcentage remonte à 3 % : les personnes très riches donnent de plus en plus, ce qui fait augmenter le pourcentage.

Avec l'âge, les gens contribuent davantage, un phénomène qui est sans doute lié au bonheur. Les jeunes donnent en moyenne 2 % de leurs revenus, alors que les personnes proches de la retraite participent de plus en plus à des actions caritatives, en donnant environ 4 %. Il existe également une corrélation avérée entre l'éducation et la générosité. Plus le niveau d'éducation d'une personne est élevé, plus le pourcentage de son revenu alloué à une œuvre caritative est important.

Je vais tenter d'expliquer certaines de ces variations. Il existe en effet des différences importantes : certaines sont liées aux revenus, d'autres à l'âge ou à l'éducation. Toutefois, chez des personnes du même âge et ayant le même niveau d'éducation, certaines donnent très peu et d'autres beaucoup.

J'ai mené une expérience avec deux de mes collègues de l'université de l'Oregon, le psychologue Ulrich Mayr et l'économiste Daniel Burghart. Lors de cette expérience, nous donnons 75 euros à chacun des participants. Ils peuvent soit garder cette somme, soit en remettre une partie à une banque alimentaire qui achète de la nourriture destinée aux plus démunis. Il s'agit donc d'une contribution caritative très simple : je fais don d'une certaine somme d'argent pour qu'une personne moins nantie que moi obtienne une denrée de base.

Le principe de cette expérience consiste à changer le montant du don. Parfois, nous faisons en sorte que le don à un organisme caritatif soit très peu élevé pour le participant. Je fais, par exemple, un don de 11 euros et la banque alimentaire reçoit 33, 28 euros. Mais parfois ce don me coûte très cher. Afin que cette organisation caritative reçoive 11 euros, je devrais débourser 33 euros. Chaque participant établit ses préférences et nous les prévenons que nous choisirons ensuite l'un d'eux au hasard pour mener cette expérience avec de l'argent réel. Nous passons alors à la pratique : si le participant accepte de donner en se conformant à cette règle, nous retenons une somme sur le montant qui lui a été accordé et nous envoyons un chèque à l'œuvre caritative. Ils peuvent surveiller l'envoi s'ils le souhaitent.

Puis nous consultons les données et effectuons une simple modélisation économique que l'on pourrait appeler la *fonction d'offre altruiste*. Elle ressemble à la modélisation des courbes d'offre et de demande de n'importe quel produit, comme des chaussures. Lorsque le prix des chaussures augmente, les gens en achètent moins. De la même manière, lorsque faire un don à une organisation caritative coûte trop cher, les gens donnent moins souvent et déboursent de plus petites sommes.

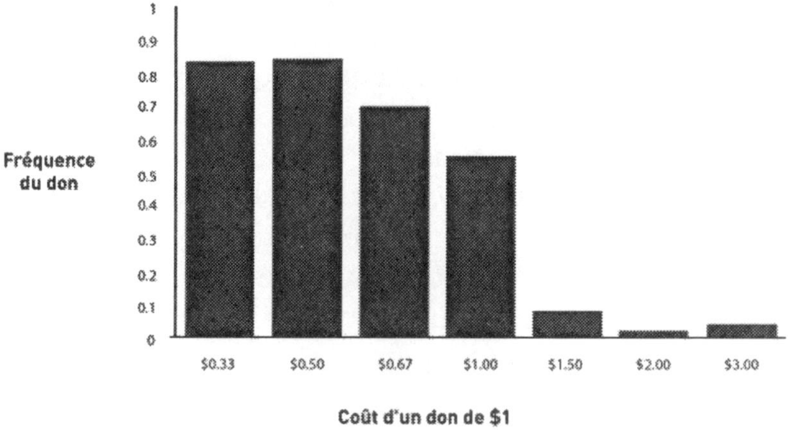

Figure 19 : La fonction du don altruiste

Pour un économiste, c'est un modèle très parlant, régulièrement utilisé. Si les comportements étudiés obéissent à ce cas de figure – lorsque le don devient trop cher, les gens s'abstiennent –, nous estimons que les gens prennent une décision rationnelle. Ils comparent les avantages que les gens pauvres obtiendraient avec le coût que cela représente pour eux. Lorsque le bénéfice est très élevé et que le coût est très bas, les gens peuvent se montrer extrêmement altruistes : 80 % des personnes donnent de l'argent dans cette situation. Mais lorsque le coût est très élevé, les gens se disent : « Non, je garde mon argent pour le moment. » Il s'agit d'un calcul rationnel du rapport coût-bénéfice. Il faudrait que vous soyez vraiment très altruiste pour donner l'argent dont vous disposez si cela vous revient très cher et bénéficie peu à autrui.

Mais une question demeure. Pourquoi les gens se soucient-ils d'apporter un bienfait aux autres ? Cela reste encore assez mystérieux. Notre expérience comporte un test complémentaire qui a pour but de mieux cerner cette question. Lors de cette expérience, nous ne nous contentons pas de fournir à nos participants l'occasion de décider de faire un don ; nous y intégrons une taxe. Comme dans la réalité, nous imposons nos participants et nous remettons le montant de cet impôt à une organisation caritative. Il n'existe aucun choix dans cette partie de l'expérience, de la même manière qu'il n'en existe pas dans le cas des impôts réels. Nous leur disons : « Je vais vous prendre 11 euros et les donner à des gens pauvres, un point c'est tout. » Les séquences de don et de taxation sont répétées au hasard, sans introduction d'argent réel. Puis une séquence de don et de taxation est alors effectuée, toujours au hasard, mais cette fois-ci, avec de l'argent réel. Les montants du don et de la taxe sont alors remis respectivement au participant et à l'organisation caritative[29].

Dans la plupart des cas, on ne peut pas étudier les paramètres économiques sans demander aux gens de faire un choix, parce qu'il est impossible de décrypter leur comportement. Mais au cours de cette expérience, nous leur demandons de payer cette taxe alors qu'ils sont dans un scanner IRMf. Ils ne font pas de choix, et nous pouvons observer ce qui se passe au niveau de leur activité cérébrale lorsque nous prenons leur argent pour le donner à une organisation caritative.

Cette aire du cerveau que l'on appelle le *striatum ventral* a une grande importance parce qu'elle est impliquée dans toutes sortes de récompenses. Par exemple, si vous donnez une sucrerie à un animal, cette partie du cerveau est activée, ce qui est indiqué par un signal lumineux. Au cours de notre expérience, lorsque le sujet obtient davantage d'argent ou paie moins de taxes, l'activation cérébrale de cette zone de récompense s'accroît. On observe une réaction de plaisir lorsque vous touchez de l'argent. D'autres aires cérébrales sont activées lorsque l'argent est remis à une organisation caritative, afin d'aider autrui. Il est important de remarquer que ces différentes zones se chevauchent considérablement ; elles sont activées lorsque vous touchez de l'argent mais elles sont également stimulées lorsque vous constatez qu'une organisation caritative en reçoit.

Cela signifie que les éléments d'appréciation qui vous ont guidés dans votre décision de donner ou non de l'argent proviennent de zones cérébrales voisines, et parfois même identiques.

J'ai tendance à penser qu'il y a une autre raison qui incite les gens à décider rationnellement de faire un don à des organisations caritatives. Il s'avère que nous pouvons, en fait, prévoir les décisions lors de la phase de donation volontaire pendant l'expérience ; ces prévisions sont fondées sur l'amplitude relative de l'activation cérébrale dans le striatum ventral et les zones adjacentes au cours de l'expérience de la taxation obligatoire. Une plus grande stimulation dans les zones de récompense est observée lorsque l'organisation caritative obtient de l'argent, et une activation plus réduite est perçue chez les mêmes individus lorsqu'ils perçoivent une certaine somme. Ils sont plus enclins à donner de l'argent qu'à en recevoir.

Mais il y a un écueil. Jusqu'ici, c'est une très belle histoire, mais nous devons prendre en compte le problème de l'intérêt personnel. Notre expérience nous démontre que les individus qui affichent un signal de récompense plus élevé lorsqu'ils constatent que l'organisation caritative obtient de l'argent sont plus enclins à donner ; toutefois, dans la réalité, cette motivation peut facilement disparaître en raison de l'effet du parasitisme. En d'autres termes, je peux très bien être préoccupé par le sort des pauvres, mais ne pas donner grand-chose pour les aider, parce que je suis persuadé que les dons faits par d'autres personnes ou par le biais de l'aide gouvernementale résoudront en partie ce problème. Mes contributions pourraient être précieuses pour d'autres personnes, mais j'estime que leur coût est trop élevé pour moi. Cette attitude explique pourquoi les gens ne vont pas contribuer à créer suffisamment de biens communs.

Bien que l'altruisme pur que nous évaluons soit sans aucun doute appréciable, il peut ne pas déboucher sur un accroissement substantiel de dons caritatifs dans une économie à large échelle. La plupart des gens continuent à s'abstenir de donner. S'il ne s'agit que de deux personnes, le problème de l'aide ne se pose pas. Si je me sens concerné par un individu particulier, et que personne d'autre ne lui vient en aide, je l'aiderai. Toutefois, dans une grande économie, il existe des milliers de personnes susceptibles de fournir de l'aide. Dans ce contexte, et même si je me préoccupe du sort d'une personne particulière, je considère également mon propre intérêt ; j'espère donc que Richard l'aidera à ma place. Tout le monde a la même démarche. Ainsi, l'altruisme pur peut se manifester sous la forme d'une puissante émotion, mais ne débouche pas nécessairement sur un comportement exemplaire.

Voilà une nouvelle qui semble assez déprimante, n'est-ce pas ? Mais il y a une solution. Il existe une forme alternative d'altruisme qui pourrait résoudre ce problème. Les économistes l'appellent l'*altruisme de la chaude lueur intérieure*. C'est l'économiste Jim Andreoni qui a forgé cette expression. L'altruisme de la chaude lueur intérieure est plus égoïste que le pur altruisme ; c'est la raison pour laquelle les économistes l'appellent parfois « l'altruisme impur ». Il provient du sentiment positif que vous éprouvez lorsque vous savez que *vous êtes* celui qui a aidé les plus démunis, et non pas un autre individu ou le gouvernement, mais *vous* en personne. Il ne s'agit sans doute pas d'un altruisme pur, mais il est plus efficace, parce que, dans ce cas de figure, je ne peux éprouver ce sentiment positif que si c'est moi qui contribue personnellement. Lorsque d'autres individus viennent en aide à une personne pauvre, je veux néanmoins l'aider davantage afin de ressentir cet agréable sentiment. Notre expérience nous a permis de recueillir des preuves de ce sentiment de chaude lueur intérieure. L'activation de l'aire de récompense est, généralement, beaucoup plus intense lorsque les gens donnent de l'argent volontairement plutôt que lorsqu'ils sont taxés. Les gens semblent obtenir un bénéfice neuronal supplémentaire lorsqu'ils prennent la décision d'aider les autres et de donner de l'argent volontairement.

Il est frappant de constater que les aires de récompense situées dans le striatum ventral font partie du même système cérébral général qui est essentiel pour l'apprentissage. Certaines actions, comme manger des sucreries, activent ces aires de telle sorte que nous apprenons à rechercher les confiseries. Je doute cependant que tout le monde soit né avec une réaction innée de plaisir envers l'argent. Par contre, nous apprenons que l'argent sert à acheter des choses qui activent notre système cérébral de récompenses, et le cerveau commence à réagir, en produisant une réaction de réponse à l'argent. Ce processus permet de penser que les gens peuvent apprendre qu'en donnant de l'argent, ils vont ressentir le bénéfice du sentiment de chaude lueur intérieure neuronale. Cette connaissance peut nous conduire à rechercher des occasions de faire des dons, ce qui déboucherait sur une société plus altruiste.

Disons, pour conclure, que lorsqu'il s'agit de venir en aide aux plus défavorisés, nous pouvons dans nos sociétés parfois nous appuyer sur le marché, mais que nous avons également besoin de compter sur l'altruisme. Le problème est de savoir quelle forme d'altruisme nous permettra d'accéder à un monde qui assurera le bien-être des plus démunis. Dans un univers doté d'une telle diversité de peuples et de pays, j'estime que l'altruisme pur ne suffit pas. Nous devrions plutôt cultiver les sentiments suscités par l'altruisme de la chaude lueur intérieure.

Dalaï-lama : « La chaude lueur intérieure… » Selon la psychologie bouddhiste, lorsque nous évoquons un phénomène mental tel que l'altruisme, nous sommes confrontés à une multitude de formes et de degrés. Plus encore, lorsque nous parlons d'un état mental particulier, il nous faut prendre en compte de nombreux facteurs complémentaires. Votre travail de recherche est remarquable.

William Harbaugh : Je vous remercie. Après avoir écouté les communications des intervenants réunis ici, je pense que le bouddhisme a de nombreuses idées à offrir sur la manière de cultiver cet altruisme de la chaude lumière intérieure. Je suis très optimiste.

Chapitre 10

La sanction altruiste et la création de biens communs

(Ernst Fehr)

Les exposés précédents nous ont fourni des preuves convaincantes de l'existence de l'altruisme. Ernst Fehr prolonge la discussion en s'interrogeant sur les raisons pour lesquelles l'altruisme a de l'importance et comment il peut résoudre les problèmes sociaux. Il soutient que les biens communs sont essentiels au bon fonctionnement des sociétés et qu'ils peuvent être développés et maintenus dans des environnements qui associent la possibilité de punitions altruistes à des normes civiques astreignantes.

Au cours de nos débats, il nous a été amplement prouvé que l'idée reçue selon laquelle les gens ne se préoccupent que de leur intérêt et ne se soucient pas des autres est fausse. Ce fait a été démontré par des preuves comportementales et neurologiques convaincantes. Nous avons constaté que lorsque des gens agissent pour servir leurs propres intérêts, les aires de récompense sont activées dans leur cerveau et, qu'en outre, ces mêmes zones de récompense sont également stimulées lorsque les gens s'engagent dans des activités pro-sociales, ce qui nous donne l'espoir de développer l'altruisme. Les êtres humains auront toujours des désirs égoïstes, mais nous savons désormais que la sollicitude altruiste peut créer de puissantes motivations.

Ma question n'est donc pas de savoir si l'altruisme existe, mais de déterminer en quoi il peut nous aider. J'aimerais explorer le processus grâce auquel l'altruisme engendre le bien-être qui dépend, dans une large mesure, de la création de biens communs. Permettez-moi de préciser à nouveau la définition d'un bien commun selon le point de vue d'un économiste qui n'est pas tout à fait semblable, contrairement à ce qu'on pourrait penser, à la définition commune. Pour nous, un bien commun existe en tant que tel pour un groupe social s'il peut être utilisé par tous les membres du groupe, quelle que soit leur contribution au financement de ce bien. L'aide sociale apportée aux pauvres en est un exemple. Si Bill contribue à soulager la pauvreté, et si je suis concerné par ce problème, l'action de Bill m'est aussi profitable. Mais, ainsi que nous l'avions évoqué dans notre dernier exposé, l'action de Bill pose un gros problème : ceux qui ne contribuent pas au bien commun en retirent néanmoins des bénéfices et peuvent donc profiter de la situation. Ceux qui contribuent au bien commun en supportent le coût et procurent des avantages à leurs semblables, ce qui signifie que la participation à un bien commun est un acte altruiste. J'engage des frais qui bénéficient à d'autres.

À partir de cette définition, nous constatons aussitôt que les égoïstes, en règle générale, profiteront de la situation. Ils veulent que les autres produisent, tandis qu'eux consomment. Les égoïstes contribueront rarement à la création de biens communs, ce qui est le cœur du problème. Permettez-moi de vous donner quelques exemples de biens communs importants, car la définition que je vous en ai faite est trop abstraite.

Les libertés démocratiques pour tous les citoyens constituent, à mon avis, l'un des plus importants biens communs – bien qu'elles ne soient généralement pas reconnues comme telles. Les luttes contre la dictature ont un coût élevé pour les individus. Il suffit de considérer les récents conflits en Iran et dans tout le Moyen-Orient. Le Tibet est un autre exemple, ainsi que toute l'histoire de l'Europe.

Tous ceux qui étaient sur la place Tian'anmen, à Pékin, en 1989 se sont battus pour les libertés démocratiques et le payèrent au prix fort. Dans ce cas précis, ils ont échoué, mais dans de nombreux pays, les gens sont parvenus, sur le long terme, à instaurer des libertés démocratiques. Une fois établies, ces libertés bénéficient à tous, même à ceux qui n'ont contribué en rien à la création de ce bien commun.

Parmi les biens communs plus évidents figurent la lutte contre le réchauffement climatique, l'opposition à la surpêche, et les campagnes menées pour une meilleure qualité de l'air. Autre bien commun important apparu depuis peu : la demande d'une bonne gouvernance d'entreprise. Nous sommes pour la plupart scandalisés par les inégalités de revenus dans les entreprises où les P.-D.G. sont payés des sommes astronomiques que nous estimons parfois imméritées. Du point de vue des actionnaires, c'est un problème de bien commun. Si je suis actionnaire dans une grande entreprise et que je participe au contrôle et au bon fonctionnement de la direction afin de m'assurer que la compagnie agit de façon responsable, ces tâches représentent un coût énorme pour moi, davantage qu'un travail à plein temps. Mais tous les actionnaires en profitent.

L'un des problèmes sociaux majeurs dans le monde est, selon moi, le suivant : lorsque les gens se conduisent de manière égoïste, leur attitude entraîne une pénurie de biens communs. C'est alors qu'intervient l'altruisme. Comment avoir prise sur ce problème ? Comment l'étudier de manière directe ?

Je réunis un groupe de dix personnes dans mon laboratoire et je donne 7,50 euros à chacun. Ils peuvent conserver ces 7,50 euros, ou bien les investir dans un projet selon la procédure suivante : si je contribue à hauteur de 0,75 euro à ce projet en tant que membre du groupe, l'expérimentateur double ce montant. Il y a désormais 1,50 euro dans ce projet et l'expérimentateur répartit alors cet 1,50 euro en parts égales entre tous les membres du groupe.

Vous comprenez immédiatement le type d'incitation financière qui est proposé. Si je contribue à hauteur de 0,75 euro, l'expérimentateur double cette somme qui devient 1,50 euro. Elle est alors divisée par dix, ce qui me permet de récupérer 15 centimes d'euro. Je dépense donc 0,75 euro et reçois en retour 15 centimes. D'un point de vue égoïste, je ne devrais pas agir de la sorte. Mais cela se révèle bénéfique pour le groupe dans son ensemble, parce qu'il perçoit 1,50 euro, alors que je n'ai dépensé que 0,75 euro. Si nous investissions tous 7,50 euros dans un bien commun, nous doublerions tous nos revenus grâce à l'appoint de l'expérimentateur, mais nous avons tendance à profiter de la situation. Si je ne me soucie que de mes intérêts, je ne verserai aucune contribution.

L'expérience se déroule ainsi. Les participants restent ensemble pendant dix séances et interagissent entre eux tout en gardant leur anonymat. Ils communiquent à l'aide d'ordinateurs sans connaître l'identité des autres. Durant la première séance, ils décident tous, en même temps, du montant qu'ils veulent verser pour contribuer au bien commun. À la fin de la séance, on leur fournit des informations sur les contributions de chacun. Ils obtiennent alors 7,50 euros de plus, et peuvent décider de continuer ou non à investir pendant les dix séances suivantes.

Quels résultats obtenons-nous ? Les participants se comportent remarquablement bien au cours de la première séance. Durant les deux premières séances, ils investissent de 40 à 60 % des sommes reçues dans le bien commun. Il s'agit là d'un comportement altruiste manifeste. En revanche, sur une période de dix séances, le pourcentage de coopération baisse brusquement. Ce phénomène ne se limite pas à Zurich où nous avons mené cette expérience pour la première fois ; c'est un phénomène quasi universel. Simon Gächter, l'un de mes collègues, a mené cette expérience dans quinze pays différents et observé le même schéma lors de tous ses tests.

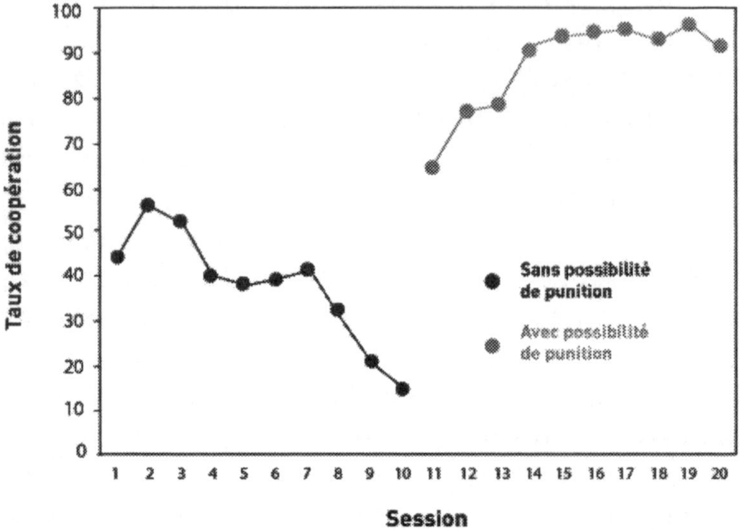

Figure 20 : Les participants peuvent contribuer au bien public pendant dix sessions. À la fin de chaque session, ils découvrent le montant des contributions des autres participants au cours de cette session. Ils se servent de cette information pour décider du montant de leur contribution lors de la session suivante. Lorsque cette expérience du bien public est menée sans qu'il y ait de possibilités de sanctions, les contributions diminuent fortement au cours des dix sessions. Lorsque l'expérimentateur introduit la possibilité de sanctions, les contributions au bien public s'élèvent rapidement jusqu'à atteindre 100 % à la vingtième session.

DALAÏ-LAMA : Pourquoi y a-t-il une telle hausse des contributions au début ? Est-ce dû au fait qu'il s'agit de quelque chose de nouveau, à la curiosité ou à l'excitation ?

ERNST FEHR : C'est une question très intéressante. C'est vraiment une énigme. Ainsi que de nombreux participants vous l'ont dit, les gens sont fondamentalement altruistes. Si vous considérez les résultats de la dixième séance, le niveau d'altruisme est plutôt bas.

Mais si vous examinez la première séance, il est assez bon. Le verre est-il à moitié plein ou à moitié vide ? Les gens sont-ils altruistes ou non ? Pourquoi un tel comportement ?

Voilà ce que nous en savons. D'après l'ensemble des données recueillies, environ 50 % des gens contribuent davantage au bien commun s'ils estiment que les autres participants ont également investi. Nous les appelons les *coopérateurs conditionnels*. Puis, nous avons 30 % de sujets qui n'investissent rien, quoi qu'ils pensent de la contribution de leurs semblables. Nous avons donc des égoïstes et des altruistes ; toutefois leur altruisme revêt une forme particulière, celle d'une coopération conditionnelle, ou d'un altruisme conditionnel. Je me comporte d'une manière plus altruiste si je crois que d'autres personnes se conduisent également de façon altruiste. D'un côté, on peut considérer cela comme une notion encourageante, car elle signifie que si j'adopte une attitude altruiste, je donne un bon exemple et j'encourage les autres à faire de même. Mais cette attitude constitue également un danger, parce que les gens guidés par leur propre intérêt ont un effet déstabilisateur sur l'ensemble ; leur égoïsme diminue la conduite altruiste des autres participants.

Pour répondre à votre question, Votre Sainteté, au début de cette expérience, de nombreux participants nourrissent des espoirs sur l'altruisme des autres personnes. Mais ils sont déçus lorsqu'ils constatent qu'il y a des profiteurs réguliers. Lorsqu'ils s'aperçoivent que d'autres tentent de profiter de la situation, ils ne veulent pas continuer à entretenir les profiteurs, et ils s'arrêtent alors de coopérer. À la longue, presque tous les participants cessent de collaborer. Nous avons mené des expériences où, lors de la dixième séance, littéralement plus personne ne contribue. La coopération est nulle.

Comment résoudre ce problème ? Avant de répondre à cette question, permettez-moi de souligner l'importance que revêt selon moi l'aspect conditionnel de l'altruisme. Pensez, par exemple, au problème des abus de l'aide sociale fournie par l'État-providence. Plus la conviction que certains profitent illégalement des avantages sociaux est répandue, plus un individu aura tendance à faire de même. Si vous ne contrôlez pas l'éligibilité des personnes qui demandent à bénéficier de ces avantages, un nombre croissant d'entre elles commencera à exploiter ce système de couverture sociale, en réclamant des avantages même si elles n'y ont pas droit. Nous observons le même phénomène en ce qui concerne la corruption. Plus la société dans son ensemble est corrompue, plus il y aura d'individus prêts à commettre des malversations. Plus un individu est témoin d'actes criminels, plus il est enclin à en perpétrer. Ce réflexe conditionné est très important. Il implique que les dirigeants politiques, les directeurs d'entreprises, et tous les acteurs d'une société donnée doivent encourager l'espoir de coopération, car une telle attitude engendre d'elle-même la coopération.

Mais, ainsi que nous l'avons vu, ce n'est pas suffisant. L'espoir s'effondre s'il n'y a pas de structures de soutien qui contrecarrent le comportement des profiteurs. Comment sommes-nous parvenus à résoudre ce problème dans le passé ? Nous l'avons fait en sanctionnant le manque de coopération. Nous avons puni les gens qui fraudaient l'État-providence ; nous avons condamné le criminel ; nous avons infligé des amendes aux personnes qui ne payaient pas leurs impôts. Et ainsi de suite. Cependant toutes les institutions qui ont concouru à maintenir la coopération, telles que le maintien de la loi, la démocratie, une police impartiale, des juges indépendants, le droit contractuel et les impôts, ne sont apparues que durant les dernières millisecondes de l'histoire de l'humanité. Pendant les 99 % de notre histoire, nous avons dû nous en passer. Cet état de fait pose une question importante et une énigme : comment les êtres humains ont-ils été capables de créer de telles institutions qui représentent elles-mêmes des biens communs ?

J'aimerais vous proposer une réponse partielle, à partir d'expériences que nous avons menées à l'université de Zurich. Nous avons entrepris les mêmes expériences sur le bien commun que précédemment, en y ajoutant cette fois la possibilité d'une punition. Lors de chaque séance, les participants choisissent le montant de leur contribution. Puis on les informe, sur leurs ordinateurs, des contributions respectives des autres membres du groupe. Ils voient ce que les autres participants ont donné et ils peuvent alors utiliser leur argent pour les sanctionner. Chaque fois qu'un participant dépense 0,75 euros pour punir un autre membre, le capital de la personne sanctionnée est réduit de 2,30 euros. Vous pensez peut-être qu'il s'agit d'une démarche stupide ? Pourquoi quelqu'un agirait-il de la sorte ? Mais les personnes qui ont participé à cette expérience ont immédiatement saisi la possibilité qui leur était offerte de sanctionner, et ils ont ciblé les profiteurs en les punissant. Nous avions la possibilité, par exemple, d'imposer une lourde sanction à un membre du groupe qui donnait très peu, ou rien du tout, au bien commun, ou une amende plus faible (ou même aucune sanction) à un participant qui avait offert la moitié de son revenu. Il est facile d'imaginer l'impact d'un tel comportement. Il permet de discipliner les profiteurs potentiels qui font désormais face à ce que les économistes, ou les théoriciens du jeu, appellent *une menace crédible.* Considérons maintenant la portée de cette sanction altruiste.

Comme nous l'avons vu, sans cette possibilité de recourir à des sanctions, la coopération s'effondre totalement à la dixième séance. Lors de la onzième, j'ai offert aux participants l'occasion de se punir mutuellement. Le résultat a été étonnant. À la vingtième séance, les mêmes personnes qui n'avaient pas versé le moindre centime lors de la dixième séance ont remis presque 100 % – pratiquement tout leur argent – de leur capital au bien commun. N'est-ce pas stupéfiant ? Il s'agissait des mêmes personnes, je le répète. Vous pourriez, d'une certaine façon, considérer cette expérience comme une parabole de l'évolution humaine. Nous avons été capables de créer un bien commun essentiel sans le concours d'un État, en l'absence d'une infrastructure de coopération, telle que l'autorité de la loi, parce que nous avions cette tendance altruiste à discipliner ceux qui ne voulaient pas se conformer aux règles de la société.

La question qui se pose maintenant est de savoir si cette solution est universelle. Je vous ai dit auparavant que dans tous les pays où les chercheurs ont mené cette expérience, la détérioration de la coopération semble être un phénomène universel. En revanche, ainsi que le prouvent les résultats, ce n'est pas le cas de la sanction altruiste. En règle générale, la punition, en elle-même, ne suffit pas à améliorer les groupes. Nous constatons en effet que, dans certaines sociétés, les individus qui ont été punis contre-attaquent. Imaginons que lors de la quatorzième séance, Bill m'ait puni pour ne pas avoir contribué. Cela me met en colère, et je suis convaincu que cette punition est due à l'un des coopérateurs. Je veux leur donner une leçon. Lors de la quinzième séance, je sélectionne donc l'un d'entre eux. Il s'agit d'une expérience anonyme. Je ne sais pas que j'ai choisi Bill. Lors de la séance suivante, je me venge aveuglément sur l'un des coopérateurs. On appelle cette pratique la *punition antisociale* ; elle est très répandue dans certaines cultures.

Benedikt Herrmann, Christian Thöni et Simon Gächter[30] ont eu l'occasion d'étudier de nombreux cas de punitions antisociales dans plusieurs pays, tels que la Grèce et certaines régions du Moyen-Orient, alors qu'en Suisse ou aux États-Unis, ils ont surtout observé des sanctions altruistes pro-sociales. Lorsqu'ils ont tenté de comprendre à quoi était due cette différence, ils ont constaté que les pays dotés de solides normes civiques enregistraient peu de cas de punitions antisociales. Les gens persuadés qu'il est répréhensible d'utiliser un transport public sans payer représentent un exemple de norme civique. Cela nous démontre que la punition en elle-même ne suffit pas. Nous avons besoin de normes sociales adéquates et d'une éducation correcte. Nous pouvons ainsi, en associant des possibilités de sanctions, créer des biens communs de grande valeur. Les cultures qui ont réussi à établir ces normes ont été capables de contribuer considérablement au bien-être de l'humanité, parce qu'elles sont parvenues à résoudre avec succès le problème des biens communs.

J'ai soutenu que les biens communs jouaient un rôle décisif pour le bien-être de l'humanité, et que la création bénévole de biens communs exige une attitude altruiste. Je considère également que de nombreuses personnes font preuve de coopération altruiste, mais que cela seul ne suffit pas. Pour quelle raison ? Parce qu'un petit groupe d'individus égoïstes peut détruire une large coopération altruiste. Toutefois, de nombreuses personnes manifestent également une tendance à la sanction altruiste. Un petit groupe de personnes pratiquant la sanction altruiste peut imposer une pleine coopération, à condition que ce groupe possède de véritables normes culturelles – ce qui révèle l'importance de l'éducation et des interventions telles que cette conférence.

Les mêmes personnes sont capables d'entraîner un résultat désastreux ou un effet positif : c'est là l'une des leçons majeures de ces expériences. Cela dépend, dans une large mesure, de la manière dont nous concevons nos institutions et quelles possibilités d'actions nous mettons en œuvre. C'est ce qui se produit actuellement avec le système de régulation des marchés financiers. Il s'agit tout simplement de définir les règles du jeu. Comment limiter la cupidité et les intérêts personnels afin qu'ils ne portent pas préjudice à la société ? On appelle parfois l'économie la « science funeste » mais, dans un certain sens, on peut la considérer comme une science noble, dans la mesure où elle nous permet de concevoir des institutions qui améliorent le bien-être de l'humanité.

TROISIÈME PARTIE

Introduire la pro-socialité dans les systèmes économiques

Chapitre 11

Un profit qui a du sens

(Antoinette Hunziker-Ebneter)

Antoinette Hunziker-Ebneter est la directrice générale et la fondatrice de Forma Futura Inc., une entreprise indépendante de gestion d'actifs spécialisée dans les projets d'investissements faisant preuve d'une gestion responsable et d'une implication sociale et environnementale. Au début de sa carrière, elle a dirigé la Bourse suisse et a été directrice générale de Virt-X, la première place boursière pan-européenne.

Antoinette nous démontre comment des investissements effectués dans des entreprises saines contribuent à promouvoir le bien-être social et environnemental tout en dégageant des bénéfices financiers. Lorsque nous utilisons notre argent pour obtenir ce genre de profit responsable, affirme Antoinette, de nombreuses personnes – des travailleurs jusqu'à la direction et aux investisseurs – peuvent participer mutuellement à l'élaboration d'une meilleure qualité de vie pour les êtres humains et la planète.

L'argent est une ressource vitale, un cycle économique semblable à l'eau ou à la connaissance. Il doit circuler. Les cycles constituent le fondement de la durabilité. Il est donc très important que les gens qui ont de l'argent se posent certaines questions et réfléchissent avant d'investir. Quel type de gestion, d'hommes, de produits, de processus de production allons-nous sélectionner pour nos investissements, aux niveaux financier, social et éthique ?

Nous sommes responsables du système financier actuel. Nous sommes responsables du système économique actuel. Ils sont à l'origine de nombreuses bulles financières et continueront de l'être. Qui profite de ces bulles ? Un petit groupe d'individus très cupides. Pendant ce temps, la plupart des personnes non seulement perdent de l'argent mais aussi leur emploi et leur qualité de vie.

Nous faisons tous partie intégrante de ce système. Si nous voulons assumer nos responsabilités, nous devons partager nos connaissances. Si nous analysons le système économique actuel, nous découvrons que ses valeurs comprennent la croissance matérielle, la maximisation des profits, l'efficacité, les buts à court terme, l'individualisme et la pensée linéaire. En tant que consommateurs et investisseurs, ces valeurs sont-elles les nôtres ? De moins en moins, je pense. Je rencontre des clients qui se préoccupent vraiment de la qualité des projets dans lesquels ils vont investir. Nous assistons à la transformation de l'idée de simple profit en profit doté d'un sens, au passage du quantitatif au qualitatif. Les valeurs immatérielles prennent de plus en plus d'importance.

Considérons un instant la pyramide des besoins financiers des êtres humains. En premier lieu, vous devez satisfaire les besoins de base : se nourrir, se loger, s'éduquer. Ensuite, vous devez vous constituer quelques économies, une sécurité financière qui vous servira en cas de maladie. Lorsque vous gagnez un peu plus d'argent, vous aimez sans doute le dépenser dans des activités de loisirs, comme le sport ou l'art. Enfin, vous souhaitez également faire fructifier votre argent.

Une fois que vous avez atteint ces quatre objectifs et que vous êtes conscient de l'impact de vos investissements, vous êtes alors en mesure d'assumer la responsabilité de vos placements et d'utiliser votre argent de telle manière qu'il puisse contribuer à améliorer la qualité de vie d'autrui.

Notre travail consiste à analyser les entreprises en tenant compte de cent quatre-vingts critères de durabilité. Lorsque nous examinons la direction de ces entreprises, nous nous demandons : Qui les dirige ? Quelles valeurs leur tiennent à cœur ? Lorsqu'elles communiquent une information, le font-elles avec honnêteté ? Quels sont leurs systèmes de primes ? Sont-elles orientées vers le long terme ? Certaines entreprises se fixent des objectifs durables tels que produire moins de dioxyde de carbone, en associant un système de primes à cet objectif. Dans la banque d'investissement où je travaillais avant de fonder Forma Futura, j'avais créé un système de primes dans lequel les traders ne percevaient un dividende que s'ils partageaient nos valeurs. Avoir une attitude honnête avec nos clients était l'une de nos valeurs clés. Ainsi, lorsque je calculais la marge – à savoir, ce que notre banque gagnait en vendant à nos clients des produits financiers et des titres –, si nos traders prélevaient une marge trop élevée, ils percevaient des bonus moindres. Comme vous vous en doutez, trois à six mois après avoir mis cette poli-

Figure 21 : A l'avenir, l'argent doit offrir aux investisseurs davantage que la réalisation de leurs exigences financières, ou la réalisation d'un profit.

tique en œuvre, nous avons constaté un changement dans le comportement des traders. Si nous sommes équitables avec nos clients, nous pouvons établir avec eux des relations sur le long terme et nous avons plus de poids pour les convaincre d'investir de manière responsable.

À Forma Futura, nous évaluons la manière dont les entreprises encouragent l'innovation. J'imagine que mon fils de dix-sept ans vivra un jour dans un monde où les voitures ne seront plus propulsées par des combustibles fossiles, mais cela dépendra des innovations dans le domaine des transports au cours des prochaines années. L'innovation exige un certain climat, elle a besoin de bases, elle doit associer les

Figure 22 : La transformation vers une qualité de vie durable dépend de quatre (r)évolutions mondiales.

compétences de gens issus de différents domaines et possédant des formations diverses.

Nous évaluons également la quantité de gaz à effet de serre produite par ces entreprises ; la façon dont elles gèrent les ressources limitées ; si elles proposent des produits pour des marchés mal desservis ; nous examinons si les droits fondamentaux sont bien respectés vis-à-vis de leurs employés et également chez leurs fournisseurs. Après avoir accompli cette analyse de responsabilité sociale, nous effectuons une étude financière classique. Les investisseurs peuvent placer leur argent seulement dans les entreprises qui ont réussi tous ces tests.

Nous avons démontré, depuis trois ans et demi, que l'on peut gagner autant d'argent sur ces marchés que sur des marchés conventionnels. Nous avons également constaté que les entreprises durables peuvent obtenir des capitaux sur les marchés à de meilleurs taux que les autres entreprises, sans doute parce que celles-ci se préoccupent davantage des risques et le font savoir au monde extérieur.

Aujourd'hui, en Europe, 3 % de tout l'argent investi est placé dans des fonds durables, alors qu'aux États-Unis le chiffre est de 10 %. Mon objectif personnel est qu'il atteigne 25 % de mon vivant, et que je puisse contribuer à ce développement avec mes associés, mes employés et mes clients, de telle sorte que les dirigeants d'entreprises ne puissent plus ignorer les critères sociaux et écologiques.

Changer notre manière d'investir représentera un pas décisif dans la bonne direction mais cela ne suffira pas pour trouver la solution globale, éthique et durable, dont nous avons besoin. Que pouvons-nous faire d'autre ? Je pense que quatre évolutions mondiales parallèles s'imposent, ou bien des révolutions, ou les deux à la fois. Personnellement, je suis plutôt en faveur d'une évolution mais, compte tenu de ce que l'on a observé lors de la crise financière, je doute qu'il soit possible de faire les réformes indispensables en ayant recours au seul processus d'évolution.

Tout d'abord, nous avons besoin d'une (r)évolution écologique et d'une économie de marché qui se préoccupe de l'environnement. Si une entreprise émet des gaz à effet de serre, elle doit en payer le prix. Nous devons inclure les dégâts environnementaux dans le coût de nos modèles d'entreprises.

En second lieu, il nous faut un système financier durable, et ce processus commence par l'établissement d'objectifs raisonnables. Quel genre d'objectifs nous fixons-nous dans notre système économique ? Nous mesurons le PIB, mais celui-ci améliore-t-il la qualité de la vie ? Jusqu'à un certain point, oui, comme nous l'avons vu. Nous prenons en compte les jours d'absence dus à la maladie, et nous constatons qu'un nombre élevé de congés maladie accroît le PIB. Mais au Bhoutan, on calcule les jours où les gens sont en bonne santé. Les Bhoutanais ont inventé ce qu'ils nomment le *bonheur national brut*. Nous devons nous orienter davantage dans cette direction, en nous fixant des objectifs raisonnables pour nous-mêmes, nos communautés, nos entreprises et notre système économique.

Un système financier durable exige un cadre réglementaire contraignant et efficace. L'un des critères les plus importants est le ratio capitaux propres - actif, c'est-à-dire que les banques devraient être en mesure de faire face aux risques qu'elles prennent. J'imagine, Votre Sainteté, que vous n'êtes jamais allé dans un casino, mais si vous y alliez, l'argent en votre possession devrait vous appartenir à 100 %. Certains des placements effectués par des banques d'investissement sont de la pure spéculation. Elles devraient investir avec leurs fonds propres – car cela s'apparente également à un jeu d'argent – mais ces dernières années, elles ont réussi à faire pression sur les autorités de régulation des marchés pour réduire le ratio capitaux propres - actif. Depuis la crise financière, certaines banques ont augmenté à nouveau leurs fonds propres, mais ce n'est pas suffisant.

Un système financier durable requiert de la responsabilité et permet de l'exercer. Dans les grandes entreprises commerciales, l'une des tâches des membres du conseil d'administration est d'évaluer les risques. Ils doivent se renseigner sérieusement pour savoir où ces risques peuvent survenir et comment les maîtriser. Ne vous engagez pas dans une entreprise si vous n'en comprenez pas les tenants et aboutissants.

Personnellement, je ne crois pas que ce type de changement puisse être mis en œuvre par nos dirigeants d'entreprise actuels. Je pense que le véritable changement se produira au terme d'une évolution de la société, ou d'une révolution, lorsque nous – la société civile – agirons d'une manière responsable. C'est à nous de réfléchir et de décider quels produits nous voulons consommer et en quelle quantité. Les nouveaux produits de luxe ne sont pas matériels : il s'agit de sécurité, d'un écosystème préservé, d'amitiés, de bonheur et d'une vie qui ait un sens.

Nous avons besoin également d'une évolution culturelle et spirituelle mais, Votre Sainteté, c'est là votre domaine. J'ai hâte de savoir ce que vous ferez. Avec votre soutien, nous pourrons enfin bénéficier d'une qualité de vie durable.

Dalaï-lama : Excellent. C'est extraordinaire qu'il y ait une reconnaissance croissante des lacunes du statu quo actuel et du système existant. Un changement doit avoir lieu.

Je pense que nous autres, êtres humains, avons la capacité, à condition d'employer notre intelligence à bon escient et d'adopter une approche plus holistique, de nous donner les moyens de résoudre ces problèmes. Peu importe si nous n'y parvenons pas de notre vivant. Nous devons réfléchir, examiner ces questions et essayer de les clarifier pour les jeunes générations qui finiront par les mettre en œuvre.

Gert Scobel : Lorsque vous avez affirmé que vos investissements devaient dégager un profit, comme tout autre produit que l'on achète ou que l'on vend, où est la différence dans ce cas ? En ce qui me concerne, en tant que consommateur, il m'est difficile, au premier abord, de voir la différence entre un profit qui a un sens et un simple profit. Cette différence réside-t-elle dans le fait que vous envisagez des bénéfices sur le long terme ?

Antoinette Hunziker-Ebneter : Oui. Les moyennes entreprises en Suisse, en Allemagne, et dans d'autres pays, ont toujours fonctionné ainsi. Par exemple, lorsqu'une entreprise traverse une période de diminution de ses revenus, ce sont, en premier lieu, les propriétaires qui réduisent leurs rémunérations. Ils ne licencient pas les employés ou ne les mettent pas au chômage technique. Cette stratégie sur le long terme est très productive, car elle permet de développer un savoir-faire, d'instaurer la confiance et un véritable sentiment de loyauté. Si vous désirez que vos employés donnent le meilleur d'eux-mêmes, qu'ils fassent réellement preuve d'innovation et vous communiquent leurs idées, vous devez vous assurer qu'ils travaillent dans un climat de confiance. Comme tant de gens actuellement, s'ils craignent de perdre leur emploi à tout moment, ils ne vous feront pas part de leurs projets. Le profit durable est donc orienté sur le long terme. Il y aura, comme dans la nature, des périodes de faible croissance. Les arbres ne sont pas toujours en train de pousser, c'est un fait que l'on doit accepter. Cette stratégie est viable si l'entreprise a une vision à long terme, et si les investisseurs ne demandent pas des revenus annuels à deux chiffres. Cette stratégie dépend donc en grande partie des consommateurs.

Gert Scobel : Vous affirmez donc que vous pouvez obtenir un profit, n'est-ce pas ? Il ne sera pas très élevé au début mais, sur le long terme, il demeure stable.

Antoinette Hunziker-Ebneter : Oui, cela permet aux entreprises de trouver de véritables solutions face aux défis environnementaux actuels. Par exemple, dans le cas de l'efficacité énergétique, une entreprise peut déclarer : « D'ici 2015, 50 % de notre production proviendra de produits écologiques qui économisent de l'énergie. » Elle propose non seulement quelque chose qui a un sens, mais qui permet aux investisseurs de participer à cette croissance. Il existe également des entreprises qui élaborent des enzymes permettant de laver le linge à des températures moins élevées. Nous avons besoin de ce point de vue holistique sur les composantes économiques, sociales et écologiques d'un produit donné. Cette forme de gestion intégrée permet de faire des bénéfices, et c'est très bien. Nous devons être en mesure de faire un bénéfice raisonnable, afin de pouvoir payer nos employés et, bien sûr, nous permettre de financer nos innovations.

Dalaï-lama : Il est important de se rappeler qu'il existe des limites. En ce qui concerne le développement matériel, je rappelle aux gens qu'il ne faut pas dépasser la mesure ; dans ce domaine, il est préférable d'apprendre à être heureux de ce que l'on a. Inversement, il n'y a pas de limite au développement mental, aussi mieux vaut ne pas se contenter de peu, mais s'efforcer de le développer de façon illimitée. Généralement, nous faisons le contraire. Personne n'accorde un grand intérêt au développement mental. Quant à l'aspect matériel, même s'il existe des limites, nous plaçons tous nos espoirs dans la possibilité de les dépasser.

J'ai vraiment apprécié votre commentaire sur la nécessité de reconnaître que la croissance va se heurter à ses propres limites. C'est une chose dont je suis profondément convaincu. Il est, bien sûr, très humain d'être enchanté de rencontrer une personne partageant les mêmes idées que soi.

Chapitre 12

Que peut faire la microfinance ?

(Arthur Vayloyan)

Arthur Vayloyan a occupé divers postes de direction au Crédit suisse, de 1992 à 2012. Ancien membre du Private Banking Management Committee [Conseil d'administration des banques privées], il a récemment dirigé l'organisation du Private Banking Switzerland [Association des banques privées suisses] ainsi que le Global External Asset Managers [Département de la gestion des actifs externes mondiaux]. Il s'intéresse plus particulièrement à la nanotechnologie, à l'innovation et au microcrédit.

Arthur Vaylovan nous relate l'histoire et l'importance de l'engagement du Crédit suisse dans la microfinance, qui représente une manière efficace, profitable et viable de canaliser les capitaux de personnes jouissant de hauts revenus vers des populations qui peuvent l'utiliser pour sortir de la pauvreté. Sa Sainteté, Matthieu Ricard et Antoinette Hunziker-Ebneter débattent ensuite des avantages et des risques que prennent les grandes banques qui rejoignent le mouvement du microcrédit.

Je tiens à remercier Votre Sainteté, et à vous remercier également, mesdames et messieurs, de m'avoir donné l'occasion d'intervenir. Lorsque nous parlons des grandes banques et des grosses entreprises, lorsque nous lisons les articles qui les mentionnent, nous avons tendance à oublier que derrière ces entités existent des êtres humains qui se préoccupent des autres. Au début de ce nouveau millénaire, des responsables de notre banque, le Crédit suisse, ont commencé à se demander ce que nous pourrions faire pour aider le monde à progresser et contribuer de manière significative à réduire la pauvreté. Lorsque nous parlons de pauvreté, nous avons tendance à oublier le rôle crucial de l'accès aux services financiers. Nous considérons cette possibilité comme allant de soi. Mais des milliards d'êtres humains n'ont pas accès au crédit.

Au Crédit suisse, la réaction première a été de dire : «Laissons tomber, ça ne nous concerne pas.» Le petit groupe de gens désireux de faire avancer cette idée s'est alors demandé s'il y avait un moyen de relier les activités normales d'une banque à des milliards d'êtres humains qui sont dans le besoin. À cette époque, la microfinance était déjà assez répandue. Nous nous sommes donc demandé : «Pourquoi ne pas nous engager dans cette voie ?» Un débat s'est ouvert. Un des arguments avançait qu'il était inutile de le faire parce que la situation économique mondiale était en train de s'améliorer. En 1980, la population mondiale était de 4,4 milliards de personnes ; en 1990, de 5,3 milliards ; en 2000, de 6 milliards, et d'ici peu, elle atteindra les 7 milliards[31]. De façon tout à fait inattendue, au cours de cette période, le niveau d'extrême pauvreté a décru, passant de 1,9 milliard d'individus vivant sous le seuil de pauvreté en 1980 – ce qui représentait près de 40 % de la population mondiale – à environ 20 % aujourd'hui.

D'une manière générale, l'extrême pauvreté décroît. Mais il existe d'énormes disparités régionales : des millions d'enfants et d'adultes dans le monde sont encore dans une situation désespérée. En Angola, la mortalité infantile est de 18 %. Le taux d'analphabétisme au Burkina Faso atteint 76 %. Le revenu par habitant au Mozambique est de 1,50 euro par jour. L'espérance de vie au Swaziland est de 32 ans. Les statistiques que j'ai recueillies ici concernent l'Afrique, mais nous pouvons facilement trouver ces mêmes données dans d'autres parties du monde. En dépit de tous les besoins, nous constatons que l'aide internationale se réduit. Afficher de la décontraction en se disant que tout finira par s'arranger est une attitude irresponsable.

Nous observons des flux migratoires de plus en plus importants, parce que les hommes sont contraints de quitter leurs régions déshéritées pour aller vers des lieux où ils peuvent jouir de meilleures conditions de vie. Un autre problème dont nous devrions nous préoccuper est l'augmentation démographique des jeunes, ou le pourcentage de jeunes dans une société donnée. Dans le monde développé, les jeunes gens entre 15 et 25 ans ne représentent qu'une petite fraction de la population, environ 10 %. Dans les pays en voie de développement, les jeunes sans avenir représentent une énorme proportion de la population. Et nous savons que ces jeunes sans débouchés peuvent devenir victimes de toutes sortes d'idéologies violentes.

La microfinance correspond-elle à un réel besoin ? Tout d'abord, nous devons comprendre de quoi il s'agit. Pour le résumer brièvement, disons qu'il s'agit tout simplement de services financiers : crédit, paiement, épargne et assurance. Généralement, lorsque les gens parlent de microfinance, ils font référence au microcrédit mais, en fait, la microfinance englobe toutes les activités financières classiques.

Je vous donne ici un exemple parmi des millions. Il s'agit de Phi Phi, mère de quatre enfants, qui vit dans un village au Cambodge. Cette femme n'avait pas le moindre centime. Elle a fait un premier emprunt d'un montant de 10 euros seulement. Cet emprunt l'a aidée à démarrer une nouvelle affaire. Auparavant, elle gérait une petite fabrique de menuiserie peu rentable, et s'était orientée vers la production de sucre. Elle a utilisé son premier emprunt pour acheter quelques sacs d'engrais et quelques bambous pour construire des échelles. Elle a réussi à produire davantage de sucre de palme par jour. Quelques années plus tard, son douzième emprunt était de 48 euros ; elle l'a utilisé pour s'acheter une autre parcelle de terre et pour inscrire l'un de ses fils à l'université. L'organisme de prêt de Phi Phi s'appelait *Amret*, une institution de microfinance du Cambodge qui reçoit des capitaux du fonds de microfinance du Crédit suisse.

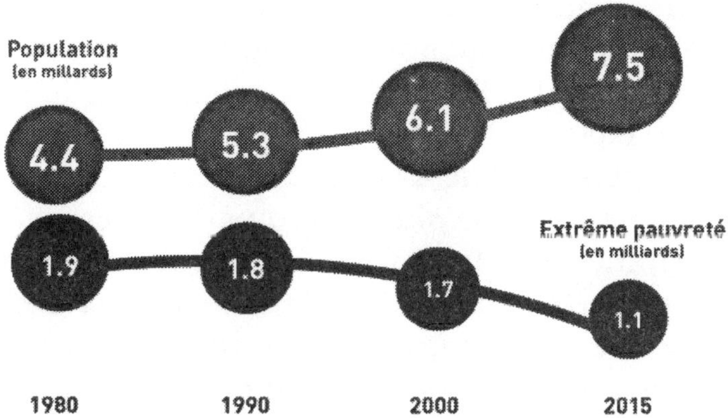

Figure 23 : Le monde s'est amélioré

Si vous n'avez pas d'argent, il est très difficile d'en avoir. Si vous en avez un peu, il est plus facile de le faire fructifier, à condition d'être un entrepreneur avec un projet de développement. Comment une femme telle que Phi Phi pouvait-elle remplir les conditions requises pour obtenir son premier prêt ? Sur ce sujet, les gens sont parfois un peu trop idéalistes lorsqu'ils parlent de microfinance. Les personnes qui désirent obtenir un microcrédit doivent en faire la demande et réunir les conditions requises. Il y a des pénalités en cas de cessation de paiement et des récompenses pour ceux qui remboursent. En fait, Phi Phi a pu obtenir de l'argent parce qu'elle faisait partie d'un groupe. C'est la raison pour laquelle on appelle ce type de crédit *banque de village* ou *banque de solidarité*. Seule, elle n'aurait pas pu remplir les critères mais, en tant que membre d'un groupe, elle était apte à recevoir ces prêts.

Vous remarquerez un détail à propos de cette histoire : le bénéficiaire est une femme, et ce n'est pas un hasard. De nombreux produits de la microfinance ciblent plus volontiers les femmes parce que l'on a constaté que la capacité de remboursement des emprunts était plus élevée parmi elles que chez les hommes. Les femmes ont souvent la responsabilité du bien-être de toute la famille, il n'est donc pas surprenant qu'une grande majorité de micro-entrepreneurs qui commencent tout en bas de l'échelle et développent un projet soit des groupes de femmes. Phi Phi a débuté avec un petit prêt et a obtenu des résultats. Elle était soutenue par un groupe (l'organisation de microfinance et le responsable du crédit chargé de l'aider). Elle est ainsi parvenue à développer son entreprise et à augmenter ses bénéfices. À partir du moment où elle est en mesure de rembourser son emprunt, elle établit un lien de confiance, et c'est ce capital de confiance qui lui permet d'obtenir des prêts supplémentaires. Mais nous devons nous rappeler que l'argent n'est pas le but final. L'objectif de Phi Phi était d'envoyer ses enfants à l'école, d'avoir accès à des soins de bonne qualité, de posséder une maison et de jouir d'une vie décente, comparée à son point de départ.

Aujourd'hui, à l'heure où je vous parle, il existe 155 millions de clients détenteurs de microcrédits dans le monde. La somme stupéfiante de 34 milliards d'euros de crédits a été répartie sur toute la planète. Ces chiffres englobent toutes les institutions de crédit sur le marché et pas seulement notre banque. Toutefois, nous ne pouvons pas rester inactifs en nous disant : « Formidable, nous avons réussi quelque chose. » Le nombre potentiel de clients est dix fois plus élevé que le chiffre déjà atteint, et nous ne pouvons donc pas nous arrêter. Selon des estimations, 2,5 milliards d'adultes n'ont pas recours à des banques ou à des organismes de microfinance qui leur permettraient d'épargner ou d'emprunter de l'argent[32].

L'aide internationale à elle seule ne suffira pas, et c'est la raison pour laquelle nous pensons que notre banque peut jouer un rôle significatif. Nous sommes au service de clients au sommet de la pyramide de la fortune : environ dix millions de personnes possédant chacune des actifs de 750 000 euros, ou même davantage, pour une population totale de 6,6 milliards. La base de la pyramide est extrêmement large : 4,5 milliards de personnes, avec un pouvoir d'achat de moins de 3 euros par jour, ont besoin d'avoir accès à des capitaux. Nous pouvons accélérer le développement si nous parvenons à déplacer la fortune du sommet de la pyramide jusqu'à sa base grâce à une stratégie durable et à long terme.

Comment y parvenir dans la pratique ? Nous savons qu'il est irréaliste de vouloir investir en disant simplement : « J'ai de l'argent, qui en a besoin ? » Dans notre banque, nous avons compris qu'il nous fallait une solution simple à proposer à nos clients et à tous ceux qui désirent s'y associer. L'idée était de trouver des investisseurs qui comprendraient et soutiendraient ce projet en mettant de l'argent dans ce que nous appelons un *fonds de microfinance*. L'argent de ce fonds est remis à des organisations de microfinance, à des banques ou à des organisations apparentées à des banques, dans trente-cinq pays sur tous les continents. Ces organisations de microfinance consentent ensuite des prêts à des microentrepreneurs, tels que le prêt de 10 euros consenti à Phi Phi. Les investissements effectués dans ce fonds rapportent des intérêts. Le financement des organismes de microfinance par le Crédit suisse en rapporte également ; le client rembourse le capital de l'emprunt avec des intérêts à l'organisme de microfinance. Tel est le fonctionnement de la microfinance.

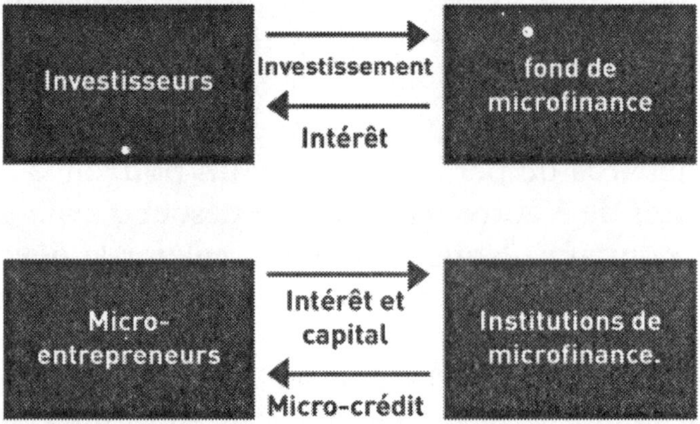

Figure 24 : La microfinance.

Lorsque j'ai proposé ce projet pour la première fois au conseil de direction du Crédit suisse, l'un de ses membres m'a demandé pourquoi je leur faisais perdre leur temps. Cette réaction était due au fait que ce fonds était au départ très modeste. Après avoir délibéré sur la manière de procéder, nous avons finalement mis ce projet en route. À la fin 2003, nous avons démarré cette entreprise avec trois millions d'euros provenant d'amis et de parents – des gens qui croyaient vraiment en nous, qui nous faisaient confiance et qui estimaient que c'était un projet qui valait la peine d'y investir de l'argent. Ce fonds a depuis connu un développement spectaculaire. Un an plus tard, il avait décuplé, puis quintuplé l'année suivante. Aujourd'hui, nous avons presque atteint la somme de 750 millions d'euros. Un tel investissement signifie que des centaines de milliers de micro-entrepreneurs ont une vie meilleure. À nos yeux, cette croissance est illimitée.

Contrairement à nos intuitions, et de manière tout à fait inattendue, la crise financière mondiale n'a pas nui à l'évolution de ce projet d'investissement. Cela s'explique par le fait que les micro-entrepreneurs n'ont aucun lien avec les gens qui occupent le sommet de la pyramide économique que nous a montrée Antoinette Hunziker-Ebneter ; ces derniers n'ont en effet aucun problème d'argent et peuvent choisir leur type d'investissement.

Il est évident que la microfinance ne résout pas tous les problèmes. La meilleure image que l'on pourrait employer pour la décrire est celle d'un catalyseur : une chose minime capable d'avoir un énorme impact. Au début, personne ne croyait que ce projet marcherait, mais il s'est développé et continuera à croître. Je voudrais conclure avec cette phrase de Nelson Mandela qui dit : « Cela semble toujours impossible, jusqu'à ce qu'on le fasse. » Je vous remercie.

Dalaï-lama : Un investissement dans la microfinance rapporte de l'argent. Mais si on le considère purement en terme de retour sur investissements comparé à des investissements conventionnels, combien cela rapporte-il ?

Arthur Vayloyan : Le rapport de ces investissements ne figure pas, à l'évidence, dans la fourchette des intérêts les plus élevés qui peuvent atteindre 20 %, mais ce n'est pas l'objectif. Notre concept est le suivant : aujourd'hui, si vous placez de l'argent sur un compte en banque, cela ne vous rapporte pratiquement rien. Si vous mettez de l'argent dans ce fonds, vous obtenez un rendement de quelques pourcents. En 2009, le taux d'intérêt de ce fonds a été de 6 %, un résultat fantastique en plein cœur de la crise.

Mais le micro-entrepreneur paie davantage que 6 %. Les organismes de microfinance prélèvent une marge plus élevée afin de payer les salaires de leurs employés et les frais de fonctionnement, en incluant sans doute un bénéfice raisonnable. Sans la microfinance, la seule option pour les personnes situées à la base de la pyramide sociale était de demeurer dans la pauvreté ou de s'adresser à des usuriers. C'était le seul choix, cruel et brutal, auquel elles étaient confrontées. Puis, en 1976, au Bangladesh, le concept de microfinance a connu une renaissance. En fait, ce n'est pas une idée nouvelle[33], mais elle est réapparue au Bangladesh avec le professeur Mohammed Yunus. Le professeur Yunus a découvert que l'on ne peut pas donner d'argent gratuitement, parce que dans ce cas, cette attitude relève du domaine des actions charitables et de l'aide. Mais vous ne pouvez pas, non plus, suivre la voie des usuriers, ces escrocs qui profitent abusivement de la misère des autres. Tout dépend de la région et même du pays mais, dans chaque cas de figure, il faut se poser la question : quel est le montant correct d'intérêts que l'on peut demander ?

Dalaï-lama : Excellent. Très bien, très bien.

Matthieu Ricard : Mohammed Yunus parle de ce qu'il appelle une *économie altruiste*. Dans une économie altruiste, il y aura un certain profit mais le but n'est pas le profit pour le profit ni un bénéfice pour un nombre très restreint de gens. Au contraire, le profit est censé soutenir le progrès social, par exemple, aider des femmes à obtenir du travail et à envoyer leurs enfants à l'école. À la fin de l'année, le bilan ne consiste pas à mesurer combien de millions de bénéfices vous avez engrangés ni à calculer les dividendes que vous avez obtenus, mais à déterminer combien de personnes ont bénéficié de vos activités. Tel est le vrai bilan. Vous pouvez calculer votre efficacité en déterminant combien d'enfants ont été scolarisés et combien de personnes ont pu sortir de la pauvreté. Au forum économique mondial de Davos en 2010, Yunus a proposé l'idée d'un Wall Street pour les entreprises pro-sociales, bourse qui ne serait pas en compétition avec le système économique conventionnel. Elle serait organisée de telle façon que les gens qui désireraient investir dans des compagnies dont l'objectif principal est pro-social auraient ainsi une structure pour le faire.

Un éminent économiste français m'a confié que ce type d'investissement n'attirera jamais les « grands pontes », parce qu'ils veulent faire des profits élevés sur leurs investissements. Cette idée a donc ses limites, car les gens cupides considéreront qu'un profit de 5 % n'est pas suffisant. Ils préfèrent prendre des risques pour essayer de gagner un maximum d'argent. Ils estiment que le progrès social n'est pas leur affaire.

Comment envisagez-vous une croissance durable à une plus grande échelle ? Pensez-vous qu'il pourrait y avoir un Wall Street d'entreprises pro-sociales ?

Arthur Vayloyan : Pour être honnête, je ne sais pas s'il serait possible de créer un Wall Street pro-social. Mais en ce qui concerne votre première question, il y a des grosses fortunes dans la microfinance. Les *très* « grands pontes » – pour reprendre votre expression – n'investissent pas dans ce type de fonds, car les investissements y sont généralement de l'ordre de mille dollars, euros ou francs suisses ; il n'est donc pas nécessaire d'être un millionnaire. Les grands pontes créent leur propre fonds. Ils mettent de côté une partie de leurs avoirs qu'ils placent dans leur propre projet.

Ils n'ont pas envie de diversifier leurs investissements dans le monde entier. Ils souhaitent parfois placer leur argent dans une région spécifique, comme l'Afrique. La microfinance existe en Afrique, mais elle n'a pas eu le même impact que dans d'autres régions, comme l'Amérique Latine ou l'Asie du Sud-Est. Ces investisseurs se demandent donc : pourquoi intervenir dans le monde entier ? Ils essaient d'aider et de soutenir des régions particulières où, ainsi que je vous l'ai montré, la diminution de l'extrême pauvreté n'a pas encore eu lieu. La population y croît rapidement en même temps que l'extrême pauvreté. Le pourcentage de gens vivant dans la misère demeure le même. À l'heure actuelle, le mieux que l'on puisse dire est que la situation en Afrique s'est stabilisée.

ANTOINETTE HUNZIKER-EBNETER : Comme dans toute autre entreprise, ce type de projet court le risque d'une croissance trop rapide. Non pas à cause des gros investisseurs, mais des grandes banques. Je ne parle pas du Crédit suisse – vous avez travaillé dans ce domaine d'une manière très professionnelle pendant des années –, mais d'autres grands établissements bancaires qui interviennent dans ce type de projets et qui veulent prêter de grosses sommes d'argent. Le financement durable de la microfinance a réussi en prêtant des petites sommes. Lorsque des prêts plus importants sont accordés, ils attirent davantage d'hommes et entraînent donc plus de corruption. Le fait que les hommes ne remboursent pas leurs emprunts d'une manière aussi disciplinée que les femmes demeure le problème majeur. (Les femmes remboursent leurs emprunts dans 98 % des cas[34].) Le marché de la microfinance devient donc beaucoup plus risqué qu'autrefois. Ce nouveau développement a commencé l'an dernier en raison de la crise. Ainsi que vous l'avez souligné, ces investissements ne se sont pas effondrés de la même manière que les autres, car ils n'étaient pas négociés dans les Bourses. Nous devons donc être très prudents et vérifier le sexe des emprunteurs, ainsi que le montant des prêts accordés par la microfinance.

Matthieu Ricard : Il y a un autre problème dont nous devrions également nous préoccuper. Il est vrai que le nombre de personnes qui vivent dans une extrême misère a diminué dans le monde entier mais l'inégalité, c'est-à-dire le fossé entre les riches et les pauvres, a été multipliée par vingt depuis le début du XXe siècle, et continue de croître très vite. Actuellement, selon Joseph Stiglitz, économiste et lauréat du prix Nobel, aux États-Unis, les dix personnes les plus riches possèdent autant que l'ensemble des 98 millions de gens les plus pauvres. On a calculé que si ces chiffres continuent de progresser à ce rythme, en 2050, deux mille Américains pourraient posséder 90 % de la masse monétaire. Il est possible que cela ne se produise pas mais la tendance va vers un accroissement de l'inégalité. Comment cette tendance va-t-elle affecter le concept de microcrédit ?

Arthur Vayloyan : Je pense que la réponse consiste sans doute à dire que l'argent est comme un aimant. Si vous avez un peu d'argent, il est plus facile d'en avoir davantage. Si vous n'avez pas d'argent, il est très difficile d'obtenir ne serait-ce qu'une petite somme. En fait, c'est ce qu'a dit Adam Smith. Lorsque vous avez beaucoup d'argent, il s'accumule à une vitesse stupéfiante, de telle sorte que presque personne ne peut égaler votre niveau de richesse, ce qui crée ce fossé croissant des inégalités. Nous utilisons la définition, très cruelle et quelque peu simpliste, de la soi-disant « pauvreté extrême ». C'est une définition de la Banque mondiale qui sert de référence, pour Jeffrey Sachs comme pour nous. Elle concerne des personnes dont la parité de pouvoir d'achat est inférieure à 90 centimes d'euro par jour. C'est ainsi que l'on définit la pauvreté extrême. Cette statistique ne montre pas le fossé entre les gens très riches, qui deviennent de plus en plus riches, et les pauvres mais elle indique qu'en dépit de toutes les mauvaises nouvelles, il y a un changement. Ainsi que nous l'avons déjà vu, le fait de n'avoir *que* 20 % de la population mondiale vivant dans une pauvreté extrême représente néanmoins un progrès si l'on se place dans une perspective historique.

Il y a deux cents ans, c'était exactement le contraire. En 1820, selon des estimations de la Banque mondiale, 80 % de la population mondiale vivait dans une pauvreté extrême[35]. Si nous ne prenons en compte que cette donnée, il semblerait que nous nous soyons bien débrouillés. Mais il y a encore tant de problèmes dont nous devons nous préoccuper. Chaque jour, 17 000 enfants meurent de faim. Nous ne pouvons pas dire que nous avons accompli de grands progrès et nous reposer sur nos lauriers. Il nous faut devenir plus réactifs.

Chapitre 13

Le collège aux pieds nus

(Sanjit « Bunker » Roy)

Sanjit « Bunker » Roy est un éducateur indien, un entrepreneur social et un activiste. Il est le fondateur du Barefoot College, « le Collège aux pieds nus », un centre d'éducation alternative et informelle, qui s'appuie sur le principe d'un savoir-faire traditionnel et autochtone pour résoudre les problèmes ruraux. Son modèle éducatif innovant a été adopté dans cinquante-quatre pays, la plupart en Afrique. La vie de Bunker Roy a été transformée du tout au tout en 1965, après un voyage dans le Bihar rural où il a découvert les vastes connaissances des villageois illettrés, qualifiés de gens « sans éducation ».

Bunker décrit l'évolution du Collège aux pieds nus dont la vocation est d'exploiter cette sagesse ancestrale. Il évoque avec Sa Sainteté et Gert Scobel les migrations rurales vers les centres urbains. Matthieu conclut cette présentation en soulignant le potentiel des ONG qui, à l'image du Collège aux pieds nus, ont des coûts de fonctionnement très bas.

En 1956, alors que j'étais un jeune garçon, Votre Sainteté est venue visiter mon école, la Doon School[36], en compagnie du Panchen-lama. En Inde, j'ai reçu une éducation élitiste, snob et très chère. Je suis allé à la Doon School, puis au St. Stephen's College à Delhi[37]. Ma vie était toute tracée, vous savez comment les familles indiennes fonctionnent. Mes parents avaient planifié mon avenir. Des emplois m'attendaient. J'estimais que l'éducation conventionnelle que j'avais reçue était bonne, parce que j'étais devenu arrogant. Elle m'avait rendu vaniteux. Elle m'avait fait croire que j'avais réponse à tout. Votre Sainteté, savez-vous ce qu'une telle éducation, aussi coûteuse, peut provoquer en vous ? Elle peut vous détruire.

Puis, en 1965, il y a eu la famine du Bihar. Jayaprakash Narayan a lancé un appel aux jeunes de l'Inde, leur demandant de venir apporter leur aide dans les villages[38]. J'y suis allé, et cela a changé ma vie. Lorsque je suis rentré, j'ai dit à ma mère que j'aimerais vivre et travailler dans un village. Ma mère a failli tomber en syncope. Elle ne pouvait pas comprendre ce qui s'était produit en moi après un simple séjour de quatorze jours au Bihar. Elle m'a demandé : « Qu'est-ce que tu veux faire dans un village ? » Je lui ai répondu : « Je veux être un simple ouvrier non qualifié au Rajasthan et creuser des puits pour trouver de l'eau. » Cette réponse l'a encore plus perturbée. Elle ne m'a plus adressé la parole pendant des années, estimant que j'avais rabaissé l'image de la famille en allant vivre dans un village.

En 1971, je suis allé pour la première fois dans le village où je travaille depuis quarante ans. Quand j'y suis arrivé, les anciens de la communauté sont venus me demander : « Vous essayez d'échapper à la police ? »

Je leur ai répondu : « Non. » « Vous n'avez pas pu obtenir d'emploi dans l'administration ? » Je leur ai répondu : « Non, il ne s'agit pas de ça. » « Vous avez échoué à vos examens ? Qu'est-ce que vous faites ici ? Vous avez un problème ? »

Telle était la réaction que suscitait le système social conventionnel de l'Inde. C'est sans doute la même chose dans le monde entier : vous êtes censé vous élever dans l'échelle sociale, aller à Paris, Zurich ou New York. Retourner dans un village est perçu comme une punition. Quelque chose en vous ne tourne vraiment pas rond. Pendant cinq ans, j'ai creusé des puits comme un manœuvre et j'ai eu ainsi l'occasion de découvrir le savoir-faire, les compétences et la sagesse extraordinaires que possèdent les gens très pauvres. Ce savoir ne vient pas des livres, de l'université, ni des écoles. Vous ne l'apprenez pas par la lecture : vous devez le ressentir. J'ai pris conscience que ce capital immense de connaissances, de compétences et de sagesse devait être intégré dans le courant de pensée dominant. C'est alors que j'ai créé le Collège aux pieds nus, dans le petit village de Tilonia, au Rajasthan.

Quand j'ai exposé mes projets aux anciens du village, ils m'ont dit : « Nous vous supplions de ne pas faire certaines choses dans ce collège. Ne faites pas venir quelqu'un qui ait un diplôme ou un savoir livresque quelconque. » Que je sache, c'est le seul collège en Inde, et même dans le monde, où une personne titulaire d'un doctorat ou d'un master est jugée inapte à enseigner. Le volontaire doit être capable de travailler de ses mains. Il doit respecter les connaissances et les compétences qui existent dans les communautés villageoises. Dans ce contexte, elles sont beaucoup plus importantes que le savoir venu d'Occident. Le volontaire doit croire dans les vertus de la simplicité. Le Collège aux pieds nus est l'une des rares institutions qui partage le style de vie et les méthodes de travail du Mahatma Gandhi. Nous nous asseyons par terre. Nous mangeons par terre. Nous travaillons par terre et jamais personne ne gagne plus de 110 euros par mois, car on ne vient pas ici pour l'argent ; on y vient pour relever un défi. On vient pour travailler avec les pauvres, et l'on doit être capable d'incarner un exemple que d'autres personnes tenteront d'égaler et de suivre.

Je n'accepte pas le modèle économique actuel, parce qu'il fonctionne du haut vers le bas. Il part du haut, quelque part en Occident, mais aussi de Delhi, puis il se diffuse jusqu'au village. Lorsqu'il existe une telle masse de connaissances et de compétences à la base, pourquoi ne pas tenter tout d'abord de les développer ? Si ces connaissances sont dépassées et doivent être remises à jour, c'est alors que nous faisons appel à un savoir extérieur. Mais il faut d'abord tout faire pour valoriser les compétences des gens très démunis et leur capacité à se développer par eux-mêmes. C'est le message le plus important que nous devons transmettre à l'Occident.

En 1986, nous avons construit le campus du Collège aux pieds nus de Tilonia en utilisant les savoirs villageois et les matériaux locaux bon marché, pour un coût de 11 euros le mètre carré. Il a été conçu par une personne qui ne sait toujours ni lire ni écrire. Au Collège, nous pensons que nous pouvons utiliser la technologie la plus sophistiquée, à condition que ce ne soit pas au détriment de la sagesse traditionnelle et du savoir-faire des autochtones. Nous sommes le seul collège en Inde qui fonctionne uniquement grâce à l'énergie solaire. Sur les toits des bâtiments, nous avons des panneaux solaires qui produisent 45 kilowatts-heure. Ils alimentent quarante ordinateurs, le central téléphonique, les connexions Internet, sept cents ampoules et ventilateurs, la bibliothèque, la salle à manger, une salle d'audiovisuel, et un fauteuil de dentiste. Tout fonctionne grâce au soleil. Le Collège utilise également l'énergie solaire pour la cuisine ; nous n'avons recours au gaz qu'en cas d'urgence. Notre système d'énergie solaire a été fabriqué et installé par un prêtre hindou qui n'a été scolarisé que pendant huit ans. Il en sait plus sur l'énergie solaire que toute autre personne que je connaisse, venue de n'importe quelle université dans le monde.

Nous posons la question : Où est-il écrit qu'il est impossible de devenir architecte en étant analphabète ? Ou dentiste ? Ingénieur solaire ou hydraulicien ? C'est seulement dans notre esprit qu'existe cette croyance que l'on doit savoir lire et écrire pour exercer ces métiers. Nous avons sélectionné des gens du village qui n'avaient reçu aucune éducation académique et nous les avons formés pour travailler sur ordinateur, devenir enseignants, médecins, ingénieurs et architectes.

Ce cuiseur solaire (voir Figure 26) a été fabriqué par quatre femmes. Votre Sainteté, c'est le cuiseur solaire parabolique le plus sophistiqué que vous puissiez trouver. Ces femmes sont illettrées mais elles sont incroyablement minutieuses. Elles ont formé une association qui fabrique des cuiseurs solaires et les vendent dans les villages afin que les gens ne dépendent plus seulement du kérosène ou du bois pour cuire les repas. Elles fournissent également des cuiseurs solaires aux écoles maternelles. Dans notre région, des repas préparés avec ces cuiseurs sont désormais distribués à plus de mille enfants entre un et cinq ans.

De même, nous estimons que la culture traditionnelle ne devrait pas perdre de son importance ni de sa pertinence. Nous utilisons donc les arts traditionnels, tels que les spectacles de marionnettes, pour transmettre des messages sociaux essentiels. Dans des régions de l'Inde où n'existent ni radio, ni livres, ni télévision, l'art des marionnettes reste encore très important. Un transfert de technologie a eu lieu : les marionnettes à fils que cinquante personnes maximum pouvaient voir dans une pièce fermée ont été remplacées par des marionnettes à gaines qui peuvent être vues dans des écoles ou sur des marchés par cinq mille spectateurs.

Le Collège croit à l'énorme pouvoir des communicants traditionnels, tels que les montreurs de marionnettes et les artistes de rues. Leurs scénarios sont improvisés. Les pièces sont interactives et sont souvent interrompues par un spectateur qui pose des questions. Nos marionnettistes touchent un public de plus de cent mille personnes par an; ils jouent successive-

Figure 25 : Les femmes figurant sur cette photo ne savent ni lire ni écrire ; toutefois, elles ont été formées pour devenir des ingénieures en énergie solaire.

Figure 26 : Un cuiseur solaire parabolique sur le toit du réfectoire du Collège aux pieds nus, sur le campus de Tilonia. Ce cuiseur solaire permet aux soixante membres de l'équipe de manger deux fois par jour.

ment des rôles de médecin, enseignant, avocat, psychanalyste et ingénieur.

Nous gérons 225 écoles fréquentées par 7 000 enfants dont 5 500 filles, dans six États de l'Inde. Nous ouvrons ces écoles le soir car, pendant la journée, la plupart des enfants doivent s'occuper du bétail, des chèvres et des moutons. Ces écoles sont éclairées à l'énergie solaire. Tous les élèves participent à une élection. Nous sommes convaincus que les enfants doivent connaître les droits des citoyens, le système démocratique, et savoir comment élire un bon dirigeant. Nous organisons donc une élection ; tous les trois ans, nous élisons un Parlement des enfants. Notre Premier ministre a douze ans ; elle s'occupe de vingt chèvres toute la matinée mais, le soir, elle est Premier ministre. Elle dirige un Conseil des ministres chargé de surveiller et de superviser leurs propres écoles. Nous devons exécuter toutes les décisions prises par les enfants, car, après tout, c'est le choix du Conseil des ministres !

En 2001, le Collège aux pieds nus et le Parlement des enfants ont remporté le World's Children's Honorary Award, [Prix honoraire des enfants du monde] pour le travail que nous avons accompli en permettant à des enfants laissés pour compte, et plus particulièrement des filles, d'être éduqués. Le Premier ministre de notre Parlement, une jeune fille nommée Devaki, est allée en Suède pour recevoir ce prix. Devaki n'avait jamais quitté son village, et elle est allée dans ce pays afin de recevoir cette récompense décernée par la reine. La reine de Suède n'en revenait pas de cette jeune fille de douze ans, qui n'était pas éblouie par tout ce qui l'entourait. Elle m'a prié de demander à la jeune Premier ministre d'où lui venait son assurance. Devaki s'est sentie insultée, elle a regardé la reine droit dans les yeux et m'a dit : « Dites-lui que je suis Premier ministre ! »

Après avoir équipé plusieurs villages du Rajasthan en énergie solaire, nous avons étendu cette technologie à d'autres régions du pays. Nous avons introduit l'énergie solaire dans six cents villages à travers toute l'Inde. Nous sommes allés au Ladakh, dans la vallée de la Noubra, proche du glacier de Siachen où les températures peuvent descendre jusqu'à moins 40° C. Nous avons demandé à une femme ladakhi : « Quel bienfait l'énergie solaire vous a-t-elle procuré ? » Elle a réfléchi un moment avant de répondre : « C'est la première fois que je peux voir le visage de mon mari les soirs d'hiver. »

En 2005-2006, nous avons introduit le modèle du Collège aux pieds nus en Afghanistan. Nous y sommes allés et leur avons fait la proposition suivante : « Pourquoi ne formerions-nous pas des femmes pour devenir ingénieures ? » Les hommes ont répondu : « Impossible. Elles ne sortent même pas de leur maison et vous voulez les emmener en Inde ? » Je leur ai rétorqué : « Je vous fais une concession : je vous promets d'emmener également les maris. » Ils sont donc venus. En 2005, nous avons formé ces femmes et elles ont ensuite installé, pour la première fois en Afghanistan, l'électricité solaire dans cinq villages. Ma meilleure ingénieure solaire est Gul Bahar, une grand-mère de cinquante-cinq ans. Elle est illettrée mais elle a équipé en énergie solaire deux cents maisons en Afghanistan. Je lui ai demandé de parler à des ingénieurs afghans. Elle a enseigné à l'un d'eux la différence entre CA (courant alternatif) et CC (courant continu). Il l'ignorait.

Aujourd'hui, les trois Afghanes que nous avons formées ont formé à leur tour vingt-sept autres femmes qui ont installé l'énergie solaire dans cent villages en Afghanistan. Lorsque je me suis rendu aux Nations unies, j'ai déclaré : « Nous avons fait venir trois femmes et leurs époux en Inde, nous leur avons donné une formation, nous avons acheté cent quarante panneaux solaires, nous avons assuré leur transport et installé l'électricité solaire dans cinq villages ; nous avons accompli tout cela en six mois. » Je leur ai

Figure 27 : Soutenus par le Collège aux pieds nus, les acteurs ont recours à des marionnettes pour répandre des messages sur des problèmes sociaux tels que la violence familiale, l'importance de l'éducation et de l'eau potable. Les marionnettes sont fabriquées à partir de rapports recyclés de la Banque mondiale.

demandé : « Devinez combien ça a coûté ? » Ces gens des Nations unies qui ont l'habitude de prestations très chères n'ont pas deviné. Je leur ai dit : « C'est le coût d'un seul consultant de l'ONU résidant pendant un an à Kaboul. » Et j'ai poursuivi : « C'est un véritable scandale qu'il y ait sept cents consultants des Nations unies basés à Kaboul et pas un seul village afghan où ils aient installé l'électricité solaire ! »

Nous avons eu un succès étonnant auprès des femmes, mais avons appris une chose importante, Votre Sainteté, il est impossible de former des hommes. Ils sont très agités, toujours dans un mouvement compulsif, et ils veulent tous un diplôme. Et à partir du moment où ils obtiennent leur diplôme…

Dalaï-lama : Et vous alors ?

Bunker Roy : Votre Sainteté, je suis irrécupérable. (Rires.)

Dalaï-lama : Merveilleux. C'est vraiment merveilleux.

Bunker Roy : À partir du moment où vous leur remettez un diplôme, ils quittent le village pour chercher un travail en ville. Pour moi, les grands-mères sont le meilleur investissement. Elles ont entre quarante et quarante-cinq ans, et ce sont les personnes les plus mûres, les plus tolérantes et elles ont énormément de courage.

Certaines d'entre elles viennent d'Afrique. Elles sont illettrées et séjournent pendant six mois au Collège aux pieds nus. Elles doivent être originaires d'un village qu'elles n'ont jamais quitté. Le gouvernement indien m'a donné carte blanche pour accueillir ce type d'« étudiantes ». La première chose que nous leur disons est la suivante : « Vous faites partie des quelques rares femmes de votre pays à devenir ingénieures, alors rappelez-vous que vous êtes des ambassadrices. » Grâce au langage des signes, en leur montrant et en leur expliquant – sans qu'un mot ne soit écrit ni prononcé – nous assurons leur formation d'ingénieures solaires en six mois. Elles communiquent entre elles par signes. Elles ne peuvent pas se comprendre, car elles parlent des dialectes tels que le joola, le wolof, le swahili, ou le français, mais leur langage corporel est si précis que vous comprenez qu'elles ont le désir d'apprendre. Quand elles rentrent dans leur pays, elles descendent de l'avion avec une incroyable confiance en elles. C'est stupéfiant d'assister à cette transformation. Votre Sainteté, si vous connaissez une grand-mère que vous aimeriez envoyer au Collège aux pieds nus, nous serions ravis de l'accueillir.

Nous avons travaillé avec des femmes venues de trente pays africains. Nous avons formé trois cents grands-mères originaires de ces pays. Nous avons installé l'électricité solaire dans sept mille maisons et tout cela pour deux millions de dollars. C'est la somme que M. Jeffrey Sachs dépense pour un village en Afrique, un seul village. S'il y a tant d'argent, pourquoi ne pas le distribuer ? Je conclurai avec une citation du Mahatma Gandhi : « D'abord, ils vous ignorent, puis ils vous raillent, ensuite ils vous combattent, et enfin vous gagnez. »

Dalaï-lama : C'est vraiment merveilleux. J'ai la conviction, dont j'ai fait part à mes amis indiens, qu'une véritable transformation en Inde doit provenir des campagnes et des villages. C'est l'essence même de votre travail. Si cela se produisait, je crois que l'Inde pourrait alors devenir un exemple pour le reste du monde, et plus particulièrement dans l'hémisphère sud, dans les pays les plus pauvres. Parmi les six milliards d'êtres humains, il y a une majorité de gens pauvres. Mais une véritable transformation peut avoir lieu sans qu'il soit indispensable de dépenser beaucoup d'argent. C'est le sens de cet espoir : un véritable changement pour six milliards d'hommes peut se produire comme vous le décrivez. Quelques grandes villes en Inde, telles que Bangalore ou Hyderabad, se sont développées rapidement, mais elles ne représentent pas la transformation réelle de ce pays. Le changement véritable doit venir des villages. J'apprécie vraiment ce que vous faites. J'aimerais que quelques-uns de vos enseignants et ingénieures quasi illettrés viennent dans nos centres tibétains établis dans différentes parties de l'Inde. Nous constatons également que les jeunes Tibétains sont pressés d'obtenir des diplômes pour partir ensuite dans les villes trouver un travail. Les villages sont censés être des centres agricoles, mais les gens les plus valides qui ont un certain niveau d'éducation préfèrent partir. Nos projets de base deviennent difficiles à réaliser. Je désire vraiment vous inviter pour que vous nous montriez vos méthodes, lorsque vous en aurez le temps.

Bunker Roy : Votre Sainteté, je suis toujours disponible pour vous.

Dalaï-lama : Je pense qu'en fait la Chine devrait aussi en tirer des leçons. Les régions côtières sont très développées, mais les gens qui vivent à l'intérieur des terres sont extrêmement pauvres. Dans ce domaine, je pense que l'Inde pourrait également devenir le gourou du développement et de la transformation. Pas Karl Marx, mais un gourou indien !

Gert Scobel : Il y a deux choses que vous avez mentionnées en passant et sur lesquelles je voudrais revenir. La première a trait à la migration dont Votre Sainteté vient également de nous parler, l'idée que dès qu'un jeune a un diplôme, il part pour la ville. Pourquoi cette attirance pour la ville ? Comment empêcher ce type de migration ? Ensuite, lorsque nous comparons la Chine et l'Inde, il faut se rappeler que l'Inde a une longue tradition démocratique que la Chine n'a pas. Quelle différence cela crée-t-il à vos yeux ?

Bunker Roy : La différence fondamentale est que chaque citoyen indien a le droit de s'exprimer contre l'ordre établi. En Inde, on fait la différence entre s'opposer à l'ordre établi et être contre le gouvernement. La Chine possède une structure politique rigide, verticale, qui n'encourage ni la dissidence, ni la discussion, ni le débat public. L'Inde offre cet espace pour le développement personnel d'un individu. Un tel espace n'existe pas en Chine.

Je suis persuadé que pour empêcher les migrations, il faut développer la qualité de vie dans les villages. Si vous créez des emplois, si vous améliorez la qualité de l'eau potable, les conditions d'éclairage, pourquoi un homme sain d'esprit irait alors dans un bidonville de Bombay ? Notre tâche est de faire en sorte d'améliorer la qualité de vie dans les villages, afin que les habitants n'émigrent pas sous la pression économique ou environnementale. Le Collège aux pieds nus estime que si vous améliorez les services de base et fournissez des emplois dignes de ce nom qui préservent le respect de soi, alors les villageois resteront sur place. Je pense que c'est la solution. Nous avons constaté qu'après avoir installé l'électricité solaire dans des villages en Afrique, le villageois revient de la ville parce qu'il découvre dans son village l'éclairage solaire pour la première fois de sa vie. C'est ainsi qu'en équipant les villages en électricité solaire, vous pouvez inverser les migrations. Et vous créez des emplois, car les femmes, les grands-mères, sont payées par la communauté pour s'occuper des réparations et de la maintenance. Ce sont des ingénieures. Ce ne sont plus des femmes.

Dalaï-lama : Je pense qu'il est préférable d'utiliser le mot «*femmes ingénieures*». Dire qu'elles «ne sont plus des femmes» n'est pas convenable.

Bunker Roy : Des grands-mères femmes ingénieures.

Dalaï-lama : Très bien, c'est beaucoup mieux.

Matthieu Ricard : Je pense que dans toutes les discussions que nous avons eues, il y a une dynamique très puissante que nous n'avons pas pleinement prise en compte. Il s'agit des ONG de terrain. Il existe aujourd'hui des millions d'ONG dans le monde. L'exemple de votre ONG, Bunker, est magnifique et suscite l'humilité. Mais il y a tant d'autres initiatives, à plus ou moins grande échelle, telles le BRAC [Bangladesh Rural Advancement Committee] qui a permis à 60 millions de femmes du Bangladesh de sortir de la pauvreté. Il y a maintenant de nombreux jeunes partout dans le monde, même dans les pays en voie de développement – et beaucoup plus qu'il y a une vingtaine d'années – qui disent : «Je veux aller dans une école de commerce non pas pour travailler à Wall Street, mais afin d'apprendre à gérer efficacement le travail humanitaire.» Il faut, bien sûr, que ce travail humanitaire soit ancré sur le terrain et pas seulement conçu dans des écoles de commerce ; toutefois cette tendance est encourageante.

Je voulais aussi vous donner un petit exemple qui s'accorde parfaitement à votre récit. Au Népal, j'ai un ami qui s'appelle Uttam Sanjel. Il a travaillé pendant plusieurs années avec le soutien de Karuna-Shechen, notre association humanitaire. Uttam était consterné par le nombre d'enfants errant dans les rues de Katmandou et d'autres villes. Ces gamins étaient en butte à de multiples problèmes dus à leur absence de scolarisation. Comme tous les parents qui s'installent dans les villes doivent travailler très dur, ils laissent leurs enfants à la maison toute la journée et les nourrissent le soir. Naturellement, les enfants ne restent pas sur place. Ils commencent par vagabonder dans les rues, puis se mettent à voler. Ils sniffent ensuite de la colle et d'autres produits de ce genre. Notre ami a fait le tour des maisons en demandant deux morceaux de bambou à chaque famille, et il a construit une petite école. Il y a de cela douze ans. Uttam n'avait pas le moindre sou en poche. Ces écoles de bambou accueillent aujourd'hui 20 000 enfants. En deux mois et demi, on peut construire, pour 75 000 euros, une école abritant 2 500 enfants. Difficile de faire mieux. Le projet est de scolariser 150 000 écoliers au Népal. Notre association l'a aidé à construire neuf de ces écoles.

Sœur Jessie offre un autre exemple ; c'est une religieuse catholique indienne qui a démarré un petit projet dans un village du Bihar. Son mode d'action est le suivant : la première année, elle donne un poulet à une femme ainsi qu'un livret bancaire avec un petit capital initial qui lui permet d'envoyer ses enfants à l'école. Le mari qui, en général, est alcoolique, n'a pas accès à ce compte, sinon il le boirait avec l'alcool distillé localement. La seconde année, si elle réussit et si les enfants continuent à aller à l'école, sœur Jessie donne une chèvre à cette mère. Et la troisième année, si les enfants poursuivent leurs études et si la mère réussit à mettre de côté une partie de son capital en vendant du lait de chèvre, sans que le mari s'approprie tous les revenus, elle obtient une vache. Et la quatrième année, elle reçoit de l'aide pour bâtir une maison plus confortable.

Je n'ai donné ici que deux exemples. Il y en a beaucoup d'autres. Ces ONG se consacrent à leur cause avec enthousiasme. Elles n'ont pas 60 % de frais généraux, comme certaines prétendues ONG multinationales. Elles n'ont que 3 % à 5 % de frais généraux. En ce qui concerne Karuna-Shechen, notre petite organisation, nous n'avons mené à bien que cent vingt projets en douze ans, mais nous avons maintenu nos frais généraux à un taux de 5 %. Si ces grandes organisations finançaient une centaine d'ONG comme la nôtre, il pourrait y avoir dix mille projets communautaires n'ayant que 5 % de frais généraux. Plutôt que de créer une seule et énorme organisation, nous serions alors en présence d'un autre type de développement, capable de reproduire à de multiples exemplaires un bon modèle de fonctionnement.

Les ONG représentent la dynamique très puissante d'un mouvement orienté vers une société plus coopérative, altruiste et soucieuse du bien d'autrui. Certes, le microcrédit vient en aide aux pauvres, mais nous devrions réfléchir également à une stratégie capable d'aider les grosses organisations à être mieux gérées et à collaborer plus efficacement avec les petites ONG, afin qu'elles puissent avoir un plus grand impact sur le terrain.

Chapitre 14

Des dirigeants inspirés par la compassion

(William George)

William (Bill) George est professeur de gestion à la Harvard Business School où il enseigne le développement des compétences en leadership et l'éthique. Il est l'ancien président du conseil d'administration et directeur général de Medtronic[39]*. Sous sa direction, la capitalisation de son entreprise sur le marché est passée de un à soixante milliards de dollars, ce qui représente une augmentation annuelle moyenne de 35 %.*

Bill examine les qualités des vrais dirigeants : comment ils sont découverts, encouragés, ce que l'on attend d'eux et quels intérêts ils servent. Dans le monde des affaires comme dans d'autres domaines, Bill déclare que c'est en servant d'abord les autres que les dirigeants peuvent trouver leur propre bonheur. Sa Sainteté conclut la présentation de Bill George en insistant sur la nécessité de mieux prendre en compte les valeurs spirituelles et la satisfaction intérieure à long terme.

Votre Sainteté, c'est un privilège d'être en votre présence. Je suis enthousiasmé par tous les comptes rendus de recherches sur la compassion et l'altruisme, et certaines de leurs extraordinaires applications. La question qui se pose maintenant est de savoir comment les mettre en pratique à une large échelle afin de créer des organisations altruistes capables de transformer en profondeur la société et les systèmes économiques. C'est ce que j'étudie depuis huit ans, depuis que j'ai quitté le monde de l'entreprise, et je suis convaincu que la véritable solution réside dans un leadership sincère et compassionnel. Nous avons besoin pour cela d'une nouvelle génération de dirigeants.

Nombre de gens ont considéré la crise économique de 2008 – que nous dénommons « catastrophe financière » – comme un échec de l'économie. Je l'envisage à un niveau plus profond. Il ne s'agit pas d'un échec économique mais d'une faillite spirituelle. Beaucoup pensaient que seule la richesse matérielle pouvait leur apporter le bonheur, et que plus ils accumulaient de biens, plus ils seraient heureux. Puis, ils ont constaté que c'est exactement le contraire : non seulement, ils n'étaient pas heureux, mais ils ont fait un tort considérable aux autres, provoqué toutes sortes de dommages.

Nous faisons face à une grave crise de l'emploi au niveau mondial ; les gens n'ont pas de travail. Je viens d'un monde où travailler est considéré comme une chose positive et importante, où le fait d'être sans emploi provoque donc de profonds ravages. Il nous faut revenir à la base : notre vie n'a de sens que dans la mesure où elle sert les autres, que dans la mesure où elle a une visée altruiste qui bénéficie à l'ensemble de la société. C'est ce thème que j'aimerais aborder aujourd'hui.

Mon hypothèse de départ est qu'une gouvernance compassionnelle et authentique est essentielle. Non seulement parce que c'est une chose positive mais parce qu'elle est la condition d'une société saine. Ernst et ses collègues m'ont persuadé que nous avons besoin de toute une série de principes pour bien fonctionner. Il nous faut un ensemble de pénalités pour sanctionner les comportements malhonnêtes. Mais il est encore plus important d'avoir des dirigeants qui ont un impact positif sur les individus et sur la société. Sans cela, je ne pense pas que nous puissions construire une société saine, parce que des individus rusés trouveront toujours un moyen de contourner les lois.

Il est important de réfléchir aux causes de l'échec économique. Je suis déçu par les dirigeants de ma génération. Je pense qu'ils n'ont pas été à la hauteur de leurs responsabilités. C'est pourquoi je travaille avec des jeunes appartenant à la nouvelle génération. Les échecs des leaders de ces dernières décennies ont eu pour conséquence une perte de confiance en eux et un doute généralisé. Si nous n'avons plus confiance dans nos gouvernants, la situation devient très grave. À Harvard, une étude de la Kennedy School a montré que deux personnes sur trois ne font pas confiance à leurs dirigeants, ne croient plus en leurs valeurs, n'ont plus foi en leur éthique. (Lorsque j'emploie le mot éthique, je fais référence à une éthique laïque, pas à une quelconque forme de morale religieuse.)

Je pense que la cause profonde du problème vient de ce que les gouvernants ont fait passer leurs intérêts personnels avant leurs responsabilités envers les organisations et le public. Ceux d'entre nous qui endossent un rôle de leader ont une profonde responsabilité à l'égard des gens qu'ils servent. Si leurs propres intérêts passent avant ceux de la société, ils manquent à leurs devoirs et risquent de provoquer de graves préjudices.

J'observe également la prédominance de motivations extrinsèques, c'est-à-dire de gens qui recherchent l'approbation du monde extérieur. En d'autres termes, au lieu de chercher la paix intérieure, ils ambitionnent l'adulation. Au lieu d'éprouver la satisfaction de venir en aide aux autres, de s'engager dans des rapports durables, et d'engendrer des bienfaits pour tout le monde, ils courent après l'argent, le pouvoir, la reconnaissance et la gloire.

Il faut qu'une nouvelle génération de dirigeants, des personnes sincères et compassionnelles, occupe le devant de la scène. Des gens qui reconnaissent que diriger, c'est être au service d'autrui et de la société, et qui mettent ces valeurs en pratique tous les jours. Loin de se contenter de proclamer ces valeurs, il leur faut les appliquer dans la vie. Diriger avec la seule intelligence ne suffit pas : ils doivent engager tout leur être dans une forme de gouvernance holistique. Cela dit, je n'essaie pas de diminuer le rôle de l'intellect. Je veux dire que nous devons également gouverner avec nos cœurs, parce que c'est ainsi que nous établissons une authentique réciprocité dans la relation. Cela exige une discipline de vie personnelle.

Afin que cette nouvelle génération de dirigeants advienne, il faut écarter cette forme de leadership qui fonctionne du haut vers le bas. Pendant de nombreuses années, nous avons considéré que la personne au sommet de la hiérarchie était toute-puissante – et nous l'avons prise comme modèle – au lieu de chercher, à chaque niveau, la personne la plus à même de s'imposer et de diriger.

Les désirs des gens sont en train de changer. Ils ont appris à leurs dépens que l'argent n'est pas une fin en soi. Ils sont en quête du sens de la vie. Chez Medtronic, l'entreprise de matériel médical pour laquelle je travaillais, nous avions pour mission de rendre la santé aux gens et de les ramener à la vie. Pour nous, la bonne façon de nous jauger ne consistait pas à compter les dividendes mais le nombre de gens que nous avions aidés. Quand je dirigeais cette entreprise, ma plus grande source de fierté est d'avoir, grâce à notre travail, fait passer de trois cent mille à dix millions par an le nombre de personnes qui ont pu reprendre une vie plus normale et plus enrichissante. Nous nous sommes toujours efforcés de transmettre ce message au personnel de Medtronic, parce que c'est vraiment ce message qui les inspirait et non la cotation en Bourse ou les profits.

De nos jours, le rôle de dirigeant est différent de celui des siècles passés. En premier lieu, il rassemble les gens autour de ces notions de sens, de but et de valeurs. Parvenir à ce type de consensus par lequel les gens ont foi dans les objectifs de l'organisation en mettant ses valeurs en pratique est une tâche très difficile, surtout quand les compagnies sont implantées sur toute la planète.

Le second rôle du dirigeant n'est pas d'exercer son

pouvoir sur d'autres personnes. De nombreux chercheurs ont publié des études sur la capacité à diriger, considérée comme un pouvoir. Leur conception du pouvoir évoque un jeu à somme nulle : si je donne du pouvoir, j'en ai moins. Je rejette cette conception car, pour moi, diriger consiste à responsabiliser d'autres personnes afin qu'elles puissent diriger à leur tour. Ce que nous essayons de faire par l'intermédiaire de cette responsabilisation ressemble davantage à de l'amour. Cela peut se reproduire à l'infini. Si nous y réussissons, nous avons alors des organisations beaucoup plus fortes, et nous pouvons tous contribuer au bien d'autrui en utilisant nos capacités de manière optimale.

Permettez-moi de vous citer l'exemple d'une femme que j'ai rencontrée chez Medtronic, il y a de nombreuses années. Elle fabriquait des valves cardiaques. Si une valve cardiaque humaine ne fonctionne plus, on peut prélever une valve sur un porc et l'implanter dans le cœur humain défectueux. Cette femme était la meilleure technicienne de notre usine. Un jour où je l'interrogeais sur son travail, elle m'a dit, les yeux brillants de passion : « Mon travail est de faire des valves cardiaques qui sauvent des vies. Je fabrique mille valves par an. Si une valve est défectueuse, quelqu'un en mourra. Et je ne pourrais jamais vivre avec l'idée d'avoir causé la mort d'une autre personne. » Puis elle a ajouté : « Vous savez, quand je rentre chez moi le soir, je pense qu'il y a cinq mille personnes dans le monde aujourd'hui qui sont vivantes et en bonne santé grâce aux valves que j'ai produites. »

Cette femme est l'exemple même d'un dirigeant pleinement responsabilisé. Bien qu'elle n'ait pas une fonction officielle de chef, et qu'elle ne soit pas surveillante de production, elle est incontestablement la source d'inspiration de tout le monde.

On prétend que nous, dirigeants d'entreprise, nous sommes là pour servir les intérêts des investisseurs, du propriétaire, des actionnaires. C'est vrai dans une certaine mesure, mais au-delà, notre fonction est de servir les employés et les clients. Nous sommes des dirigeants au service des autres ; si nous faisons notre travail correctement en allant dans ce sens, alors, chacun fera de même. Si nous estimons que les autres sont à notre service, nous échouerons.

Un autre point important est la compétition au sein des organisations. Le mode de fonctionnement qui a de l'avenir est le modèle collaboratif. Arthur Vayloyan nous a parlé de microfinance qui ne peut fonctionner que grâce à la collaboration de gens qui s'unissent au sein d'un village. Ils forment une banque commerciale. Ils s'entraident. Comment pourrait-il en être autrement ? Bunker Roy a décrit l'implantation de l'énergie solaire dans les villages. Il ne s'agit pas que du travail de l'ingénieur : tout le monde s'unit pour collaborer, depuis la personne qui fabrique la technologie jusqu'aux travailleurs qui installent les batteries solaires. Chez Medtronic, nous demandions à nos patients de coopérer avec nous. Nous avons besoin de cette large perspective qu'offre la collaboration. Telle est la nouvelle forme de gouvernance vers laquelle nous nous acheminons.

Nous avons mené une série d'entretiens personnels avec cent vingt-cinq dirigeants. Qu'est-ce qui, dans leur vie, leur a insufflé la passion de diriger ? Comment ont-ils traversé les moments difficiles de leur existence ? Nous avons constaté que leur désir de diriger ne venait pas de traits de caractère uniques ni de caractéristiques spécifiques, mais dépendait de leur personnalité, de leurs aspirations intérieures et de leurs parcours de vie. Nous avons également appris que l'on ne naît pas dirigeant mais qu'on le devient. Nous devons accroître notre capacité à diriger par une série d'expériences de direction.

Daniel Goleman a introduit la notion d'« intelligence émotionnelle ». Nous ne consacrons pas assez de temps en milieu scolaire à développer cette aptitude, alors qu'elle est au cœur des questions que nous nous posons tous : Comment devenir conscient de ce que je suis sur cette terre ? Comment comprendre mon histoire ? Comment reconnaître et résoudre les sources de ma colère, de ma peur et de mon insécurité ? Comment développer une véritable humilité ? Enfin, comment concevoir le but de ma fonction de dirigeant ? Comment diriger ? Comment contribuer à améliorer la société ?

Je médite depuis trente-quatre ans et je recommande la méditation à toute personne parce qu'elle représente l'élément le plus important du développement de ma fonction de dirigeant. Pourquoi ? J'ai compris que le processus de la méditation m'offre une plus grande clarté d'esprit au moment de traiter des problèmes complexes. Elle engendre une pensée créatrice. Toutefois, le plus important est qu'elle m'aide à développer la compassion. Nous menons tous des vies très stressantes. La méditation a joué un rôle crucial en me permettant de développer la résilience nécessaire pour faire face aux tensions de ma vie.

Comme je l'ai déjà dit, la fonction essentielle des dirigeants empreints de compassion est de créer des organisations qui soient altruistes, au service de la société. Il m'est apparu évident que c'est la seule façon de pérenniser une organisation. Une entreprise peut-elle créer cette valeur durable qu'est l'altruisme pour tous ceux qu'elle sert, c'est-à-dire pour ses clients, ses employés et ses investisseurs ? C'est la question majeure, la condition essentielle requise pour engendrer des résultats optimaux à long terme. Vous pouvez gagner beaucoup d'argent à court terme en ignorant l'altruisme, mais la seule manière de maintenir d'excellents résultats sur le long terme est de le mettre en pratique.

Pour conclure, je pense que nous avons besoin d'une nouvelle génération de dirigeants empreints de compassion, capables d'influencer positivement les milliers de personnes avec lesquelles ils interagissent quotidiennement. Il faut nous engager à former davantage de responsables susceptibles d'appliquer ces valeurs. Je ne parle pas seulement des dirigeants qui sont au sommet, mais de ceux qui se trouvent à tous les niveaux des organisations, de telle sorte qu'un nombre croissant de gens deviennent à leur tour des responsables compassionnels dont le quotidien transforme la société en introduisant l'altruisme au cœur des organisations et des systèmes économiques.

Votre Sainteté, nous vous demandons conseil sur le point suivant : comment pouvons-nous former davantage de personnes capables d'aller dans le monde entier afin de transformer les organismes, former des dirigeants qui soient réellement compassionnels et animés d'une puissante détermination intérieure ?

Dalaï-lama : En fait, vous avez souligné l'un des points clés, à savoir que l'on n'est pas dirigeant de naissance ni de fait, mais que cette fonction s'apprend et se développe. Pour former de bons dirigeants, il importe de les entraîner à cultiver leurs valeurs intérieures. Il me semble que beaucoup des responsables actuels ont entendu parler de ces idées, mais qu'ils n'en sont pas pleinement convaincus. Ils s'exclament : « Oh, c'est très bien ! » tout en estimant que ce n'est pas vraiment pertinent. Bien qu'il fasse partie de la philosophie bouddhiste, le concept d'interdépendance, c'est-à-dire le fait que tout est interconnecté, est essentiellement universel : il peut s'appliquer en contexte laïc. Le développement de dirigeants justes est donc lié à l'éducation et aux circonstances.

Certaines personnes ne seront peut-être pas d'accord avec ce que je vais dire. Avant ma première visite à Jérusalem, certains journalistes israéliens sont venus me voir pour parler de la Shoah. Je suis bouddhiste et, en tant que tel, je pense que même chez Hitler, il y avait une graine de compassion. Il n'était pas forcément cruel dès son plus jeune âge mais différents facteurs ont fait qu'il est devenu le monstre qu'il a été. Lorsque je suis arrivé à Tel-Aviv, on m'a averti que certains articles affirmaient que « le Dalaï-lama pense que même Hitler était une personne positive ». Or, j'avais simplement voulu dire que tout le monde est identique à sa naissance, dans le sens où le potentiel positif et négatif est toujours présent en chacun de nous.

Nous devons entretenir et développer les facultés positives. Les émotions positives constituent un réel bénéfice pour soi-même et pour autrui. La bonté du cœur et un sens des responsabilités sont décisifs dans la société moderne, et dans tous les domaines. Les neuroscientifiques ont clairement affirmé qu'il était possible de développer ces facultés. C'est l'entraînement qui fait la différence, donc il incombe à chacun d'entreprendre ou non cette transformation de soi. Je pense qu'il serait en tout cas important de proposer une initiation à l'école et dans d'autres lieux.

Dans une société prise dans son ensemble, je pense que chacun sait que l'amour et la compassion sont importants – et cela était vrai dans le passé. Toutes les grandes religions insistent sur l'importance de ces valeurs, parce que la société les considère comme très précieuses. Il en a été ainsi pendant des milliers d'années. Puis la science est apparue et la technologie s'est développée. La technologie et la science produisent des résultats bénéfiques immédiats. La prière n'apporte pas nécessairement de bienfaits instantanés. Par exemple, aujourd'hui, quand il s'agit de prier pour la prochaine vie ou le prochain éon, certains bouddhistes se disent : « C'est trop loin. » D'un autre côté, comme je viens de le dire, la technologie apporte des résultats immédiats, ce qui, naturellement, passionne les gens. Je pense que c'est le point de départ d'une tendance qui nous a fait oublier nos valeurs intérieures. La matière et le matérialisme n'ont rien à voir avec la compassion même si, au cours des derniers siècles, ils ont provoqué en nous un grand enthousiasme et que nous avons fait l'expérience de leur immense utilité.

Le temps est venu où nous faisons l'expérience des limites des valeurs matérielles. Nous faisons face à de nombreux problèmes inutiles. Nous revenons donc peu à peu aux valeurs humaines fondamentales que nous apprécions sous un jour nouveau. Nous sommes restés des êtres humains. Nous faisons l'expérience du plaisir et de la douleur. Les valeurs matérielles et la technologie ne peuvent rien y changer, pas plus qu'elles ne peuvent nous apporter la paix intérieure. Ce changement de perspective s'est produit à la fin du XXe siècle qui a vu se développer des expériences et des intérêts nouveaux, ainsi qu'une conscience plus profonde. En ce début de XXIe siècle, des penseurs respectés ont mis en évidence les éléments essentiels qui manquent à nos sociétés. Je pense que c'est un courant magnifique et plein d'espoir. Même si le fruit de nos efforts ne se concrétise pas totalement au cours de notre vie, nous avons commencé quelque chose. Et les générations futures suivront. Ce XXIe siècle verra peut-être l'avènement d'une société humaine meilleure et plus compassionnelle. C'est alors qu'adviendra une gouvernance empreinte de compassion.

Conclusion

La compassion n'est pas un luxe

(Joan Halifax avec Sa Sainteté le Dalaï-lama, Richard Davidson, John Dunne et Ernst Fehr)

Roshi Joan Halifax, maître bouddhiste et prêtre zen, docteur en anthropologie médicale, est l'auteure de plusieurs livres sur le bouddhisme. Elle est la fondatrice de l'Upaya Zen Center, monastère bouddhiste qu'elle codirige à Santa Fe, au Nouveau-Mexique. Son travail s'appuie sur un bouddhisme engagé et mis en pratique, en particulier dans le soin spirituel aux personnes en fin de vie.

Au cours de cette dernière séance, Joan joue le rôle de modératrice ; elle intervient avec Richard Davidson, John Dunne et Ernst Fehr dans les conversations avec Sa Sainteté afin de récapituler les idées développées jusqu'ici ; elle aborde les questions qui ont été soulevées pendant les interventions, telles que le rôle de la différence sexuelle et de l'intelligence dans l'altruisme. Sa Sainteté nous rappelle l'importance cruciale d'une éthique laïque et conclut la conférence en soulignant les nombreux signes d'espoir et de progrès.

Joan Halifax : Votre Sainteté, c'est notre dernière séance et, au nom de l'Institut Mind and Life, je tiens à vous remercier d'avoir consacré tant de temps à l'approfondissement des thèmes abordés. Il s'agissait pour cet Institut d'une réelle tentative d'innovation. Nous étions curieux de savoir comment cette conférence allait se dérouler. Ce n'est pas la première fois que l'on rapproche l'économie et les neurosciences, toutefois, ce dialogue est vraiment nouveau. C'est une chance extraordinaire de pouvoir discuter d'économie grâce à Antoinette Hunziker-Ebneter et à Bunker Roy, car cela nous permet de voir comment les principes mêmes de vos enseignements sont appliqués dans le monde contemporain par des personnes qui ne sont pas bouddhistes mais dont la vie est, en quelque sorte, guidée par la boussole de l'altruisme, et qui sont donc fondamentalement préoccupées par le bien-être des gens et de l'environnement.

Je me souviens de vos paroles, prononcées il y a bien longtemps, et qui m'ont servi aussi de boussole : « La compassion n'est pas un luxe. C'est une nécessité pour la survie de l'être humain. » Je pense que cette idée est la force maîtresse qui anime ce que nous faisons ici. J'aimerais également citer Franklin D. Roosevelt : « Nous avons toujours su que l'intérêt personnel irréfléchi constituait une mauvaise morale. Maintenant, nous savons qu'il forge une mauvaise économie. »

Nous nous sommes réunis pour examiner la question suivante : « Pouvons-nous imaginer un système économique qui apporte à la fois une prospérité matérielle, un bien-être pour l'homme et un environnement sain ? » Pour le formuler plus simplement et plus directement : « Est-ce que de tels systèmes économiques existent aujourd'hui, et comment pouvons-nous les encourager et les développer ?» Une autre question sous-jacente a été examinée par Tania Singer, Richard Davidson et d'autres chercheurs : « Quels rôles jouent l'altruisme, l'empathie et la compassion dans le développement économique moderne ?»

Grâce à Richard Davidson, Tania Singer, Daniel Batson et Joan Silk, nous avons vu ce qui se passe dans le cerveau des hommes et des animaux afin de mieux comprendre les fondements neurologiques de l'altruisme, de l'empathie et de la compassion. Ernst Fehr, Richard Davidson et Bill Harbaugh ont fait état de leurs recherches sur l'altruisme et la générosité dans le domaine économique. Antoinette Hunziker-Ebneter, Arthur Vayloyan et Bill George nous ont fait découvrir des projets inspirants menés à bien dans certains systèmes économiques, tant au niveau mondial que local. Matthieu Ricard et John Dunne nous ont exposé la perspective bouddhiste de l'altruisme et de la compassion.

Ernst Fehr a attiré notre attention sur la valeur de la démocratie dans le monde contemporain et sur la manière dont elle affecte le domaine des biens communs qui ne sont pas seulement d'ordre matériel. Outre le sujet principal de notre conférence, à savoir l'altruisme, nous avons examiné le rôle des normes civiques contraignantes et leurs conséquences sur les systèmes économiques. Ernst a cité l'exemple de la situation en Grèce, et il a développé de façon très intéressante l'idée de sanctions altruistes. Des systèmes économiques qui n'exigeraient pas de sanctions sont-ils cependant concevables ? Je pense que c'est là une question qui sera longtemps débattue parmi nous.

Plus important encore : Tania Singer et Richard Davidson se sont intéressés à la possibilité réelle de former l'esprit humain à davantage d'altruisme, de compassion et d'empathie, ainsi qu'à plus de résilience, dans un monde extrêmement complexe. Nous avons eu l'occasion de découvrir certaines recherches effectuées en psychologie sociale et en neurosciences portant sur l'empathie, la sollicitude et la détresse empathiques, l'altruisme et la compassion. Elles représentent des qualités psychologiques essentielles qui vont dans le sens de la bonté et créent ainsi une profonde différence dans le monde contemporain ; c'est pourquoi nous étions si enthousiastes en écoutant Bunker Roy, Antoinette Hunziker-Ebneter et Arthur Vayloyan. Nous nous sommes alors dit : « Ah, il est donc possible d'avoir un système économique fondé sur un altruisme sain et sur la compassion. »

La preuve scientifique revêt une grande importance pour les Occidentaux. Aussi, aimerais-je vous remercier, Richard Davidson, pour le travail de pionnier que vous avez effectué quant à la pratique contemplative dans le fonctionnement du cerveau, c'est-à-dire l'identification des substrats neuronaux de la compassion. Nous apprécierions beaucoup que vous résumiez certains de vos thèmes et, qu'ensuite, vous puissiez dialoguer avec Sa Sainteté.

Richard Davidson : Merci, Joan. Je remercie également Votre Sainteté. Avant de commencer ce résumé, j'aimerais rappeler que cette conférence est le vingtième dialogue scientifique de l'Institut Mind and Life avec Sa Sainteté. Au fil des années, nous avons rapproché de nombreux domaines scientifiques, mais c'est la première fois que nous introduisons l'économie dans nos discussions formelles. J'aimerais aussi exprimer à Votre Sainteté l'incomparable gratitude que chacun d'entre nous ressent ici pour l'inspiration que vous nous avez insufflée. Aucun autre chef d'État n'a passé autant de temps avec des scientifiques et des spécialistes, et nous vous en sommes profondément reconnaissants.

Dalaï-lama : Je ne suis pas comme ces chefs d'État qui ont un pays et beaucoup de travail. Je suis assez libre. Donc, je le fais en partie pour passer le temps ! (Rires.)

Richard Davidson : J'aimerais résumer certains des thèmes majeurs de cette rencontre, puis poser à Votre Sainteté quelques questions soulevées lors de notre dialogue commun. Nous avons commencé par une discussion sur l'empathie et l'altruisme, leurs fondements psychologiques et neurologiques. Nous avons discuté de l'hypothèse de l'empathie altruiste qui affirme que la motivation pro-sociale – c'est-à-dire la motivation à aider les autres, associée à un sentiment d'empathie – a pour but ultime de faire le bien d'autrui plutôt que de nourrir des objectifs égoïstes. Les preuves qui nous ont été apportées confirment l'hypothèse de l'empathie altruiste : la motivation qui naît de sentiments empathiques est une motivation altruiste plutôt qu'égoïste.

Nous avons aussi examiné les fondements neuroscientifiques de l'empathie. Lorsque quelqu'un est exposé à la douleur d'un autre, il se produit dans son cerveau des changements analogues à ceux que l'on observe chez la personne qui souffre. Nous avons discuté du rôle de l'insula, ou cortex insulaire intéroceptif. Il s'agit d'une aire du cerveau qui entretient des rapports importants avec le corps. Nous avons également découvert le concept de *Schadenfreude*, selon lequel un individu peut éprouver de la joie à la vue de la douleur d'autrui. L'expérience qui a permis de mettre en évidence cette émotion consistait à montrer à un participant une personne malhonnête en train d'éprouver de la douleur. On a observé chez les hommes (mais pas chez les femmes) qui voyaient la personne malhonnête subir une douleur des changements dans les zones du cerveau responsables du processus de la récompense ; ces changements sont associés au désir de revanche.

Votre Sainteté, ce phénomène a constitué l'un des exemples qui ont mis en lumière les différences entre hommes et femmes. Bunker Roy nous a dit qu'il était impossible de former les hommes, alors qu'il a magnifiquement décrit les grands-mères ingénieures solaires. Aussi, aimerais-je demander à Votre Sainteté s'il y a des éléments que nous pouvons tirer de la tradition bouddhiste sur les différences entre hommes et femmes ? Ce point a surgi à la fois dans des domaines pratiques de notre travail aussi bien qu'en recherche fondamentale. Nous aimerions savoir si nous pouvons partager ces notions avec vous.

Dalaï-lama : Je pense que tous les neurones, et les différents états mentaux – les niveaux grossiers et subtils de l'esprit et de l'énergie – sont à 100 % identiques chez l'homme et chez la femme. De ce point de vue, les hommes et les femmes sont fondamentalement semblables, à l'exception, bien entendu, des différences physiologiques. Selon le bouddhisme, le Bouddha a donné des droits égaux aux deux sexes. Cependant, dans l'Inde de cette époque, il existait une discrimination sexuelle. Dans son ordre monastique, le Bouddha a donné les mêmes chances d'ordination aux hommes qu'aux femmes. On trouve, bien sûr, dans les textes du Vinaya[40], des éléments de discrimination sexuelle visibles dans la hiérarchie de l'ordre monastique ; ils sont le reflet du statut élevé dont jouissaient les hommes dans la société de cette époque.

Thuptèn Jinpa : En général, dans la tradition et la pensée bouddhistes dans leur ensemble, on associe le principe masculin à la compassion et le principe féminin à la sagesse.

Dalaï-lama : Je considère qu'il est important que, chez les humains comme chez les animaux, la mère soit l'être que l'on chérisse le plus. Elle est la source de l'affection maximale que l'on reçoit. En tibétain, nous disons : « Nos mères, tous les êtres sensibles », *ma gyur sèm chèn tamché*[41]. C'est vraiment une expression très puissante qui a une résonance particulière. Mais si vous essayez d'inverser la phrase en disant : « Nos pères, tous les êtres sensibles », cela ne sonne pas juste. D'après moi, il y a quelque chose de différent chez les femmes. À la suite de nos conférences multidisciplinaires, j'ai bien sûr compris que les femmes sont, biologiquement, plus sensibles à la douleur d'autrui.

Je pense que beaucoup d'entre vous savent ce que je vais dire, aussi serai-je bref. Dans des temps très reculés, il y a peut-être cent mille ans, la notion de chef n'existait pas chez les humains. Il n'y avait que de petites communautés au sein desquelles tous les membres – le père, la mère, etc. – travaillaient ensemble et partageaient ce qu'ils avaient. Puis les populations ont augmenté, la vie est devenue comparativement plus sophistiquée, et les fauteurs de troubles sont apparus. Donc la notion de chef s'est développée afin de garantir la stabilité à la communauté.

À cette époque, l'éducation n'existait pas en tant que fondement de la domination ; la force physique était la base de la domination, comme c'est le cas chez les animaux. Je crois, par ailleurs, que chez les éléphants, les femelles sont dominantes. Je ne sais pas, mais il me semble aussi que les éléphantes sont un peu plus fortes que les mâles. Quoi qu'il en soit, chez les humains, la domination de l'homme est apparue. Si je puis me permettre de parler ainsi, je dirais que certains concepts religieux ont également contribué à renforcer cette façon de penser.

La notion d'*ahimsa*, ou non-violence fondée sur la compassion, et le concept d'harmonie religieuse sont tous deux le legs de l'Inde. Je me considère donc comme le fier messager de ce pays. À présent, je me décris comme un fils de l'Inde : ma compréhension de ces valeurs et mon mode de pensée proviennent de la tradition indienne de Nalanda. Physiquement, depuis les cinquante et une dernières années, mon corps a survécu grâce au *dahl*[42], riz et *chapati*[43] indiens : je suis donc véritablement un fils de l'Inde.

Je me sens généralement très fier de dire que je suis un fils de l'Inde mais il y a quelques jours, lors d'une réunion de chefs religieux, j'ai ajouté : « Nous sommes les détenteurs de ces traditions indiennes millénaires mais, dans notre propre pays [l'Inde], le système des castes et les discriminations continuent d'exister. La Constitution garantit l'égalité mais de mauvaises habitudes sociales séculaires persistent. Il nous faut examiner ces problèmes. Bien que certaines de ces pratiques sociales fassent partie de la culture traditionnelle indienne, le temps est venu de les changer parce qu'elles font obstacle à l'égalité. » Voilà, c'était un simple aparté.

Pour en revenir à ce que je disais, au cours de l'histoire humaine, l'éducation a joué un rôle de plus en plus important. Elle a, récemment, apporté davantage d'égalité entre l'homme et la femme. Mais la domination masculine existe toujours. Il me semble bien que la plupart des dirigeants sont des hommes. Le temps est venu où la compétence, la vision, l'intelligence et l'éducation seules ne suffisent plus. Il est indispensable que la compassion du cœur soit considérée comme une qualité des gouvernants. Il s'agit dorénavant de prendre en compte l'importance de l'altruisme et de la compassion. Le temps est mûr pour qu'adviennent des cœurs chaleureux, et pas seulement de brillants cerveaux. C'est là que les femmes doivent prendre une part plus active dans la gouvernance, en portant les valeurs de la compassion.

Tel est mon point de vue. En fait, je pense que la majorité des dirigeants seront des femmes ; celles qui auront le plus de compassion. Mais certaines femmes en sont dépourvues !

Joan Halifax : Ne citons pas de noms !

Dalaï-lama : En général, les femmes font preuve de plus de compassion, donc si nous avons une majorité de dirigeantes, les problèmes auxquels nous faisons face pourraient être réduits. Je ne sais pas si c'est vrai ou non, mais je pense parfois que nombre de difficultés pourraient être résolues si nous les abordions dans un esprit de dialogue et de respect des intérêts de l'autre. Mais le « je », plein de préjugés, celui qui dit « *Je* ne perdrai pas, *je* n'accepterai pas l'échec », fait obstruction, et la partie adverse adopte la même position. Dans ce cas, comment peut-on résoudre les conflits ? Nous les hommes, avec notre « je », notre « nous » excessifs, créons des obstacles à la résolution de tant de problèmes. Donc, le temps est venu pour nous, les hommes, de démissionner.

Selon le mode de pensée bouddhiste – bien entendu,

je suis bouddhiste, donc, d'une certaine manière, je suis partial –, l'égalité de tous les êtres sensibles est la notion principale; il n'existe pas de distinction fondée sur la différence sexuelle ni même entre les diverses formes de vie, celle des animaux et des insectes. J'observe ces pratiques bouddhistes avec une grande sincérité, pourtant je n'ai pas toujours un très bon rapport avec les moustiques.

Richard Davidson : C'est une bonne façon d'enchaîner avec la question de la différence entre empathie et compassion. La plupart du temps, les scientifiques occidentaux ont conceptualisé l'empathie dans son rapport avec l'expérience de la douleur de l'autre ou, pour le dire en des termes bouddhistes, avec l'expérience du caractère insoutenable de la souffrance. Dans certains travaux préliminaires que Tania Singer a menés sur Matthieu Ricard en utilisant l'IRMf, nous avons observé que la transition de l'empathie à la compassion s'accompagnait de changements considérables chez Matthieu. Cela nous a éclairés sur le phénomène que certaines personnes ressentent et qu'elles décrivent comme un épuisement compassionnel, ou *burnout*. Il s'agit sans doute de l'expérience de l'empathie sans la compassion.

D'autres recherches ont montré qu'il existe dans le cerveau de grandes différences entre des pratiquants novices qui s'exercent à la compassion et des pratiquants chevronnés. Votre Sainteté, cela m'amène à vous poser une question. Pouvez-vous nous décrire les changements qui se produisent lorsqu'une personne commence à s'entraîner au développement de la compassion ? Quelles sont les étapes par lesquelles elle passe au début de sa pratique, et comment l'expérience de la compassion évolue-t-elle au fil du temps ?

Dalaï-lama : Les émotions positives comme l'empathie ont leurs limites. Il nous faut l'aide de l'intelligence qui définit les buts et la finalité ultime. En général, quand vous concevez la possibilité de surmonter la souffrance, votre préoccupation de la douleur de l'autre se renforce et devient plus concrète. Sans cela, vous éprouvez simplement du souci, qui est une sorte de vœu pieu, un manque d'élan, une impression de malaise. En conséquence, vous encourez le risque de vous sentir impuissant, découragé ou démoralisé. Aussi, est-il essentiel d'associer la sagesse à la compassion. Les deux doivent aller de pair. Vous pouvez ainsi avoir recours à vos facultés cognitives pour essayer de comprendre la situation et voir s'il y a une porte de sortie, un moyen de surmonter la souffrance. Mieux vous comprendrez la situation, plus fort sera votre élan pour y remédier.

Je pense que reconnaître la valeur de l'empathie et de la compassion est une fonction de la sagesse et de la conscience éveillée. Chez les animaux, la capacité biologique d'éprouver de la sollicitude pour leurs congénères est très limitée ; je ne pense pas que l'intelligence y soit impliquée. Quant à nous, êtres humains, nous avons abordé, il y a quelques jours, le problème de la compassion partiale et impartiale ; cette dernière n'est pas fondée sur l'attachement. Seuls les êtres humains peuvent développer cette forme de compassion impartiale parce qu'elle exige l'intelligence.

Pourquoi la compassion nous est-elle indispensable ? Notre sagesse, ou intelligence, nous informe qu'elle est porteuse de force et de paix intérieures. Elle est également source de bénéfices pour les autres. Le manque de compassion nous expose à de nombreux problèmes que nous pourrions éviter. C'est en cela que réside le travail de l'intelligence et, afin de la développer, il nous faut envisager une approche holistique, c'est-à-dire une vision plus large de la situation.

Considérons une plante. Elle est dépourvue de sentiments et ne fait pas l'expérience de la douleur ou du plaisir. Récemment, certains scientifiques ont déclaré que si vous prenez deux plantes identiques, que vous en grondiez une et que vous flattiez l'autre, celle qui a reçu les compliments pousse mieux. Certains scientifiques l'ont affirmé, n'est-ce pas ?

Richard Davidson : Sûrement pas des scientifiques !

Dalaï-lama : Vraiment ? Oh, alors, c'est très bien. Ce type de réponse me convient tout à fait. Les traditions philosophiques indiennes classiques ont débattu du problème de la vie des plantes. Les bouddhistes soutiennent que les plantes n'éprouvent pas de sentiment et ne connaissent ni la douleur ni le plaisir, tandis que les Jaïns affirment le contraire.

Il nous faut tout d'abord identifier la douleur et faire la distinction entre douleur et plaisir. Nous – et ce « nous » ne concerne pas seulement les humains, mais aussi les animaux – faisons l'expérience de la souffrance et nous savons que tout le monde la rejette. Alors, en fonction du principe bouddhiste de la loi de causalité, nous faisons une analyse. D'où vient la souffrance ? Quelles en sont les principales causes et conditions ? Lorsqu'on est dans un état de conscience particulier, même la douleur physique peut mener à une forme de satisfaction plus profonde. C'est le fruit du travail de l'intelligence et de la connaissance holistique. Grâce à l'intelligence, il est possible de trouver une finalité, une utilité, à la souffrance physique, ce qui permet de l'accueillir mentalement.

Il y a deux ans, j'ai dû subir une opération chirurgicale. J'ai éprouvé une légère anxiété, mais mon intelligence m'a dit que cette opération était nécessaire. Il y a eu également l'effet extraordinaire des visages des médecins spécialistes qui m'ont adressé de grands sourires et m'ont témoigné une réelle affection. Je me suis senti en sécurité.

La vision holistique, cette perspective plus large, est très importante. Elle apporte certitude et paix de l'esprit. Un esprit plus calme et plus compassionnel est source de force intérieure et de confiance en soi. Cette vision réduit le stress, la tension, l'anxiété et la peur. Si vous n'avez pas une approche holistique, et qu'au lieu de cela vous n'êtes centré que sur vos sentiments immédiats, la compassion peut paraître vaine. Mieux vaut, dans ce cas, rester indifférent, objectif, et agir comme si l'on n'était qu'un rouage dépourvu de tout sentiment. C'est l'approche scientifique classique : être totalement objectif, dénué de tout sentiment.

Richard Davidson : Merci, Votre Sainteté.

Joan Halifax : Merci, Richard.

Ernst, j'aimerais également vous exprimer toute ma gratitude. Je pense que votre collaboration avec Tania et vos travaux à l'université de Zurich sont vraiment extraordinaires. Dans le domaine de l'économie, c'est vraiment révolutionnaire ; vous êtes à la pointe. Nous serions heureux que vous nous livriez vos réflexions sur votre manière d'envisager l'avenir.

Ernst Fehr : La réflexion, l'intégration et les futurs projets de recherche constituent le thème de cette présentation. J'aimerais diviser ma courte communication en deux parties. La première est le message principal qui se dégage de ce dialogue. Qu'avons-nous appris au cours de ces deux jours et demi ? Nous devons relever d'énormes défis que j'aimerais exposer. Puis, j'aurai certaines questions à poser, Votre Sainteté. Il ne fait pas de doute que vous pouvez nous aider.

La communication de Joan Silk nous a montré qu'il existe de profondes différences entre les hommes et les animaux. Chez ces derniers, même si le comportement altruiste est fréquent, il reste toutefois largement confiné aux parents proches ou aux membres du groupe. La science a montré que les humains, eux, se préoccupent du bien-être d'autrui. Même si l'on considère nos parents les plus proches, je veux dire les chimpanzés, il y a des preuves très sérieuses qui contestent l'idée qu'ils se soucient de ceux qui ne font pas partie de leur entourage immédiat.

Il s'agit là d'une grande différence avec les hommes. L'altruisme humain va beaucoup plus loin que ce que nous observons dans le monde animal, parce qu'il n'est pas limité aux parents ou aux membres du groupe. La science a montré que les hommes ont le souci du bien-être des autres ; nous sommes capables d'étendre notre altruisme à des étrangers que nous ne connaissons pas.

Toutefois, le comportement altruiste des humains est souvent conditionné, en ce sens qu'il dépend de notre observation de l'altruisme chez autrui ; ce qui est à la fois une bonne et une mauvaise nouvelle. C'est une raison d'espérer, parce que notre comportement altruiste fournit un bon exemple et incite les autres à se conduire comme nous. Mais l'existence d'individus qui se conduisent égoïstement nous donne aussi de mauvais exemples. Dans cette compétition entre les bons et les mauvais modèles, il nous faut trouver un moyen de mettre en avant les bons exemples.

Nous avons vu au cours de ces deux derniers jours que l'altruisme est imprimé dans le cerveau humain. Nous ne l'observons pas seulement au niveau comportemental. Ce sont les mêmes aires cérébrales de la récompense qui sont activées dans le cerveau lorsque je reçois des biens matériels et lorsque je me conduis avec altruisme en contribuant au bien-être des autres. Il y a une raison supplémentaire d'espérer. Nous avons la chance de pouvoir changer nos mécanismes biologiques de façon positive. Nous avons même la preuve qu'un comportement altruiste nous rend plus heureux.

Ces faits sont de plus en plus reconnus dans les sciences sociales et comportementales. Il y a vingt ans, quand j'ai commencé mes recherches sur ces questions, mes collègues m'ont gratifié de sourires dédaigneux et condescendants ; mais aujourd'hui, ces travaux sont beaucoup plus largement acceptés. Cette notion d'altruisme pénètre vraiment les sciences, au point que l'on peut dire qu'il est en train de se produire une petite révolution qui, par exemple, a fait passer l'économie du rang de « science funeste » au statut de science noble.

De même, nous avons vu que si nous ne prenons pas en compte le fait que les hommes sont capables d'altruisme dans leur répertoire motivationnel et comportemental, il nous est impossible de comprendre le fonctionnement de notre société, des marchés, des organismes, de la politique et de la vie familiale. Il est même impossible de concevoir notre propre évolution si nous négligeons qu'une part importante des humains a une propension à l'altruisme. Si nous voulons améliorer notre monde, il nous faut donc prendre en compte notre nature altruiste.

Étant donné que cette perspective élargie est adoptée par un nombre toujours plus important de scientifiques, on assiste à une augmentation des recherches sur le bonheur. Nous disposons désormais d'un vaste ensemble de travaux sur ce qu'il est important de faire pour être heureux. Il ne s'agit plus de spéculations. Nous savons que dans les pays développés – mais aussi dans les pays en voie de développement – entretenir de bonnes relations avec son conjoint, ses amis et ses collègues constitue la principale source du bonheur.

Maintenir des relations sociales harmonieuses est la clé, bien que notre actuel système économique n'y accorde pas assez de valeur. C'est très important. Il nous faut travailler dans ce sens, changer les motivations et peut-être même nos personnalités, si c'est possible, de façon à insister davantage sur l'harmonie relationnelle.

Plusieurs obstacles au bonheur doivent être envisagés. L'un des principaux est l'envie. C'est ce que nous a enseigné la communication de Richard Layard, mais d'autres recherches sur ce sujet vont clairement dans le même sens. Il est intéressant, mais aussi quelque peu dérangeant, de reconnaître qu'en général – le fait est avéré –, nous souffrons si d'autres personnes auxquelles nous nous comparons gagnent plus d'argent que nous. Comment surmonter cette émotion très destructrice ?

Cette importante question me ramène au problème des défis. Quels sont ces défis ? J'aimerais confier quelque chose de très personnel. En tant qu'êtres humains, nous avons parfois la faculté de nous convaincre de la vérité d'une chose à laquelle nous croyons fortement, sans vraiment savoir si elle est vraie ou non. Je ne suis pas une exception. Dans ma carrière scientifique, j'ai entretenu des préjugés ; j'ai dû me rendre à l'évidence qu'une certaine partie de mes croyances étaient fausses. Il est donc très important de rester ouverts et de faire une distinction claire entre ce que nous savons réellement et ce que nous croyons savoir. En gardant cela présent à l'esprit, permettez-moi de formuler les défis qui nous attendent.

Selon moi, l'une des questions non résolues est la suivante : Existe-t-il des traits de personnalité stables, par-delà les époques et les situations, qui signalent l'altruisme ? Et si oui, comment peut-on l'expliquer ? Quels sont les facteurs qui façonnent une personnalité altruiste ? Ce qui me conduit à une autre question : Comment pourrait-on changer la personnalité des gens ? Et dans le même esprit : Une éducation appropriée est-elle capable de développer et d'entretenir l'altruisme ? C'est ce que je crois. Je le crois, mais je n'en sais rien. Vous voyez : je veux le croire. Je veux que ce soit vrai. Mais si je suis honnête, je dois avouer que je ne sais pas. Peut-on éviter d'être envieux, ou bien l'envie fait-elle partie intégrante de la nature humaine ? S'il est possible de l'éradiquer, comment s'y prendre ? Quelle est l'échelle de temps nécessaire pour que se produise un tel changement ? Nous savons que si nous laissons un enfant en bas âge seul dans une pièce pendant douze ans, en se contentant de le nourrir – et ce type de cruauté a existé –, en le privant de toute interaction sociale, cet enfant n'apprendra pas à parler. Il existe donc des délais critiques. Y a-t-il une échéance de temps critique pour développer l'altruisme ? Soyons honnêtes : nous ne le savons pas.

Le bouddhisme est-il indispensable pour développer une société altruiste ? Je ne suis pas bouddhiste et c'est pourquoi j'aimerais le savoir. Quels sont les éléments qui, dans le bouddhisme, sont cruciaux pour développer l'altruisme et pourraient être implantés en Occident, des éléments qui nous permettraient d'utiliser la quintessence du bouddhisme ? Quels sont les facteurs déterminants pour accomplir notre but, à savoir : développer des personnalités plus altruistes et construire une société meilleure ?

Dalaï-lama : Pendant plus de deux mille ans, différentes religions ont coexisté sur cette planète. Je pense que l'Inde est un exemple particulièrement positif de cette coexistence. Dans ce pays, les principales traditions religieuses du monde existent. Il y a une grande diversité de gens dotés de tempéraments très variés. Il est donc indispensable que nous ayons des religions différentes, c'est évident.

Le jaïnisme et le bouddhisme n'ont pas forgé le concept d'un dieu créateur mais croient en la loi de causalité, ce qui, me semble-t-il, est proche des théories darwiniennes de l'évolution. Les principales traditions religieuses, le christianisme, l'islam, l'hindouisme et le judaïsme, ont développé la notion d'un Dieu créateur. Elles lui accordent une place centrale, ont une grande foi en lui, ce qui réduit le sentiment égoïste proéminent du « je » et de l'ego. Les pratiquants s'en remettent totalement à Dieu. Lorsque vous vous abandonnez inconditionnellement à Dieu, et que vous reconnaissez que tous les êtres sont ses créatures, il y a de toute évidence une raison de développer le respect et l'amour. L'un de mes amis musulmans m'a dit : « Un vrai musulman, un vrai pratiquant de l'islam, doit aimer toutes les créatures, parce qu'elles ont toutes été créées par Allah. » Telle est leur croyance et elle est cohérente. La théorie bouddhiste de l'absence de soi est une approche différente qui a toutefois un effet analogue.

Néanmoins, et c'est là que réside le problème, ce n'est pas parce que l'on sait que l'amour altruiste est essentiel que les gens le prennent nécessairement au sérieux. D'autre part, il y a de nombreux non-croyants qui, de fait, constituent une large part de la population mondiale, et c'est là un autre écueil. Je pense que beaucoup de scientifiques appartiennent à cette dernière catégorie. Certains d'entre eux, bien sûr, ont une profonde spiritualité. Le grand physicien Carl Friedrich von Weizsäcker qui a été un très grand ami, était profondément croyant.

L'humanité tout entière a besoin d'altruisme et d'empathie, pas nécessairement sous la forme d'une foi religieuse, mais afin de résoudre certains problèmes auxquels nous faisons face aujourd'hui du fait même de l'absence de ces valeurs. Il faut nous attaquer aux causes fondamentales de ce manque de valeurs. C'est la tâche qui nous incombe maintenant. Le temps est venu. Il ne s'agit pas de l'avenir de tel ou tel groupe, mais de sept milliards d'individus. Si nous essayons de promouvoir l'altruisme et l'empathie par le biais de la religion, ils ne deviendront pas universels. Cela nous amène à la conclusion que nous devons trouver un moyen de répandre ces valeurs dans une perspective laïque et globale. Les grandes religions du monde ont toutes pour fondement des valeurs semblables.

Quant au bouddhisme, j'ai déjà mentionné la tradition de Nalanda, la tradition sanskrite bouddhiste. On peut la diviser en trois parties : les aspects scientifiques, la philosophie ou les concepts bouddhistes et la religion elle-même. Laissons la religion bouddhiste de côté. Les éléments scientifiques de la pensée bouddhiste fournissent une explication très détaillée de l'esprit et des émotions. En ce qui concerne les concepts bouddhistes, j'ai mentionné celui d'interdépendance. Selon cette notion, il n'y a pas de créateur, il n'y a absolument rien de tangible, mais tout se manifeste à partir de causes et de conditions, donc tout est relié. Tel est le concept bouddhiste qui implique la nécessité de la compassion, d'une société et d'une humanité empreintes de cette valeur. Il n'est pas nécessaire que la compassion soit associée à la religion bouddhiste. Vous pouvez rester chrétien, non-croyant ou même antireligieux. Si vous avez l'impression que toutes les religions sont mauvaises, très bien, mais alors, efforcez-vous d'être une meilleure personne, parce que votre bonheur est lié à celui des autres. Dans votre propre intérêt, vous devez veiller au bien-être d'autrui.

Je pense que les explications scientifiques bouddhistes fournissent une connaissance plus étendue du fonctionnement des émotions, et que les chercheurs ont énormément contribué à montrer qu'en entraînant son esprit, les habitudes émotionnelles peuvent changer. Ce sont là d'excellents résultats. Ils nous indiquent clairement que le recours à l'imagination et à la visualisation peut changer notre façon de penser et de percevoir. C'est un fait. Il ne s'agit pas d'une simple illusion ni d'une foi aveugle. Toutefois, ces changements ne doivent pas être conditionnés à l'exigence d'une pratique religieuse bouddhiste, mais à certains aspects de la science bouddhiste qui fournit beaucoup de données sur la manière d'aborder l'esprit et sur le concept d'interrelation de toutes choses.

Pour les personnes qui croient profondément que Dieu est essentiel et absolu, ce concept d'interdépendance risque de poser un problème. L'un de mes amis chrétiens, le frère Wayne, un très bon moine, effectue un travail magnifique. Un jour, il a manifesté un certain intérêt pour le concept bouddhiste de vacuité, ou d'interdépendance. Comme nous nous connaissons très bien, je lui ai dit : « Ne t'occupe pas de ça. » Je le lui ai dit parce que si un croyant analyse en profondeur cette notion d'interdépendance, je crains qu'elle ne risque d'affecter sa totale soumission à Dieu, ou sa croyance en lui. Je ne voulais pas qu'il en arrive là.

Il existe de multiples traditions religieuses mais, dans certains cas, ceux qui ont embrassé une religion monothéiste insistent trop sur la notion de Dieu. Dieu, encore et toujours. Nous respectons toutes les religions. Nous admirons vraiment la façon dont ces confessions ont fait un bien immense à des millions de gens depuis des milliers d'années. C'est une raison suffisante pour les respecter, les admirer et les apprécier. Cela dit, le point de vue philosophique critique de la pensée bouddhiste a élevé de vigoureuses objections à l'encontre du concept d'un créateur. En tant que personne formée à la pensée bouddhiste classique – et je me décris parfois comme un ardent bouddhiste –, je connais très bien les arguments logiques qui réfutent le théisme. Ces arguments ne devraient jamais empêcher un bouddhiste de maintenir un profond respect, et même une révérence, envers les grandes traditions spirituelles théistes.

Maintenant, la question qui se pose est la suivante : Avons-nous besoin du bouddhisme pour développer et maintenir une société altruiste ? Non, mais on peut emprunter au bouddhisme certaines de ses techniques et de ses connaissances. Tel est mon point de vue.

Richard Davidson : Il y a environ cinquante ans, la plupart des Occidentaux ne pratiquaient pas d'exercices physiques réguliers. Puis la recherche scientifique a commencé à montrer que faire régulièrement de l'exercice était bon pour la santé. Nous observons aujourd'hui que beaucoup de gens ont intégré la pratique d'un exercice physique constant dans l'emploi du temps de leur semaine. Les personnes qui s'y astreignent savent que ce n'est pas quelque chose qu'elles doivent faire pendant quelques mois pour jouir ensuite des bienfaits pendant le reste de leur vie. Ils doivent continuer leurs exercices.

La recherche scientifique commence à montrer que l'exercice et la pratique méditative induisent également des effets bénéfiques sur le cerveau et le corps. Et nous espérons vraiment que ces recherches contribueront à convaincre un plus large public de l'importance de ce type de pratique régulière.

Votre Sainteté, y a-t-il une chose que vous aimeriez nous recommander et qui aiderait les gens à intégrer cette idée afin qu'une telle pratique fasse partie de leur calendrier hebdomadaire, tout comme l'est aujourd'hui l'exercice physique ? Pourrions-nous envisager dans un avenir proche que l'on puisse pratiquer un exercice mental de la même façon que l'on fait des exercices physiques aujourd'hui ?

Dalaï-lama : C'est difficile à dire, mais une chose est sûre : j'estime que nous devons faire de plus amples recherches sur la façon d'introduire cette éthique laïque dans le système d'éducation moderne. Et certaines personnes s'y emploient déjà. L'an dernier, j'étais au Canada, à Montréal, où j'ai rencontré environ quatre cents étudiants venant des écoles de formation des professeurs de la province du Québec. La réunion avait pour thème principal : Comment les professeurs peuvent-ils apprendre à penser l'éducation morale sans religion ?

Thuptèn Jinpa : C'était en partie le résultat d'une directive issue de la Commission de l'éducation du Québec qui a remplacé l'enseignement religieux traditionnel par un nouveau cours appelé « Éthique et culture religieuse mondiale ».

Dalaï-lama : Comme je le disais plus haut, je suis profondément convaincu qu'il est essentiel à notre époque de développer les recherches pour introduire une éthique laïque dans le système d'éducation moderne, depuis le jardin d'enfants jusqu'à l'université. Je pense qu'il sera important d'inclure dans ce programme scolaire les nouvelles données que les experts québécois ont tirées de l'observation et de l'expérience. Il sera alors possible de comprendre la valeur de cette morale séculière. En attendant, les scientifiques que vous êtes doivent continuer leurs travaux de recherche. Le problème tient au fait que la participation des pratiquants expérimentés a été très limitée dans ce champ de recherche. Jusqu'à présent, c'est surtout vous, Matthieu, qui avez travaillé avec les chercheurs.

Lorsque j'ai eu l'occasion de rencontrer des pratiquants hindous, des yogis, je leur ai dit que le moment était venu de partager certaines de leurs expériences, telles que la chaleur intérieure. Cette pratique particulière leur permet de rester des mois d'affilée dans des montagnes enneigées sans porter de vêtements chauds ; il s'agit donc bien de l'expérience de la chaleur intérieure. Ils ne doivent pas partager ces expériences pour asseoir leur renommée, mais pour montrer aux autres les véritables effets de la méditation et de la pratique de certains types de yoga. Il n'y a pas que les pratiquants bouddhistes qui effectuent ces exercices yogiques, des personnes appartenant à d'autres traditions le font également. J'ai entendu dire qu'il y avait des pratiques de méditation très profonde dans la tradition chrétienne, et qu'on peut encore les rencontrer dans certaines régions de la Grèce. Malheureusement, les non-chrétiens ne sont pas autorisés et, dans certains cas, les femmes non plus. Donc, nous n'avons, l'un et l'autre, aucune chance d'y participer.

Joan Halifax : Cette situation va changer, j'en suis sûre. J'aimerais m'adresser à John Dunne. John, votre communication sur l'économie bouddhiste était fondamentale pour comprendre l'économie universelle, dans sa globalité. À la lumière de notre discussion de ce matin, voudriez-vous nous en donner un résumé ?

John Dunne : Je ne crois pas avoir grand-chose à ajouter, Votre Sainteté. J'attends avec impatience vos commentaires de clôture. Tout ce que j'ai entendu ici m'encourage beaucoup. Il y a de multiples raisons d'être optimiste. Certains chercheurs ont affirmé que l'altruisme est un potentiel fondamental chez les humains. Et nous savons, bien sûr, qu'il existe dans le contexte du bouddhisme des méthodes efficaces qui permettent de le développer. Nous disposons même de la preuve expérimentale qu'il est possible de séculariser ces méthodes, et donc de les rendre accessibles à un plus vaste public.

Hier, au cours de la séance de questions-réponses, des thèmes extrêmement intéressants ont été abordés. J'aimerais reprendre certains d'entre eux, car ils constituent des défis. Le premier tient au fait qu'au niveau de notre économie intérieure nous n'avons pas de vision claire de ce qui peut nous rendre heureux. Le bouddhisme lance un défi culturel à l'Occident en désignant cette confusion. Il s'agit d'un défi que l'on pourrait traduire par cette phrase tibétaine : *deu chung chog shé*[44] qui signifie : « Avoir peu de désirs et être content de ce que l'on a. » En d'autres termes, du point de vue culturel, une partie du problème vient de ce que nous menons des vies axées sur la distraction ; nous sommes si impliqués dans notre économie extérieure que nous n'avons plus de temps pour observer notre économie intérieure. Une autre manière de traduire cette phrase serait : «Achetez moins.»

Ce n'est peut-être pas très approprié dans le cadre d'une conférence sur l'économie, mais il s'agit d'un autre défi dont il a souvent été question, Votre Sainteté, un défi extrêmement important pour nous au niveau culturel. Je pense qu'il y a maintenant un consensus au sein des sciences humaines, dans plusieurs domaines, selon lequel la perception de soi, notre notion d'identité, a changé au cours des derniers siècles. Dans le passé, elle était beaucoup plus interdépendante. Revenons plusieurs siècles en arrière, à Maître Eckhart, le grand saint et mystique chrétien, qui a résumé cette idée en ces termes : «Je prie Dieu d'être délivré de Dieu.» En d'autres termes, on admettait, on reconnaissait que l'attachement à une notion personnelle d'absolu, l'attachement à une notion d'identité propre, constituait un obstacle à la compréhension de l'interconnexion et de l'interdépendance qui sont si essentielles au développement de l'altruisme.

En Occident, nous avons traversé une longue période au cours de laquelle nous sommes devenus plus individualistes, plus atomisés. Une partie de notre défi culturel consiste à utiliser la sagesse bouddhiste pour réduire certaines de nos conceptions du moi et les habitudes culturelles qui en découlent, de sorte que notre véritable interconnexion puisse s'épanouir plus facilement. J'ai bon espoir qu'on puisse développer un programme de recherche, un projet, qui nous mènera tous dans cette voie. Je suis très optimiste.

Joan Halifax : Votre Sainteté, nous espérons que vous allez faire quelques remarques pour clore cette conférence.

Dalaï-lama : Je ne sais que dire ; j'ai l'impression que tous les points ont été abordés. Chaque séance de cette conférence et, en réalité, toutes les rencontres de l'Institut Mind and Life – qui, ces dernières années ont eu lieu presque tous les ans – ont été extrêmement encourageantes. Ce qui indique clairement, du moins parmi les participants, que nous ne sommes pas satisfaits de l'état actuel des choses.

En effet, nous faisons face à de nombreux problèmes que nous avons nous-mêmes créés. Il est certain que personne ne recherche les difficultés, mais que nous en sommes très souvent la cause. Pourquoi ? Premièrement, par ignorance. Ce terme signifie ici l'absence d'une approche holistique permettant d'avoir une vision et une compréhension plus vastes de la réalité. Deuxièmement, nous oublions de prêter assez d'attention à nos valeurs intérieures. Ainsi, nous, êtres humains, sommes-nous devenus les esclaves de l'argent, les esclaves des machines. Quantité de personnes intelligentes commencent à remettre en question ce mode de vie, et se demandent ce qui ne va pas et quels seraient les moyens de réduire ces problèmes. Je pense que c'est là un signe très positif. Le développement et l'évolution de l'homme se sont toujours produits de cette façon. J'estime que ce questionnement est extrêmement encourageant. J'ai moi-même beaucoup appris, mais, malheureusement, tout ce que j'apprends au cours d'une séance, je l'oublie par la suite ! (Rires.) Ce n'est pas bien. Hormis cela, cette rencontre a été merveilleuse. J'espère que le public a également découvert des idées et des perspectives nouvelles.

Afin de prolonger ce débat, vous pouvez en discuter et l'approfondir en famille ou avec vos amis. Contactez des gens, écrivez des articles, et si vous avez la possibilité de participer à un débat télévisé, multipliez les discussions sur les thèmes que nous avons abordés. Les gens qui mènent une vie très dure ne savent souvent pas comment surmonter les difficultés, aussi ces discussions doivent-elles être portées à la connaissance d'un large public. C'est ainsi que davantage de gens s'intéresseront aux valeurs intérieures. Pour certaines personnes, leurs tensions psychologiques pourraient s'en trouver diminuées. Réduire le stress, aider les gens à être plus heureux, telle est notre contribution, tel est notre but.

Tôt ou tard, nous devrons dire adieu à ce monde. Parmi ceux qui sont assis ici, qui partira le premier ? Je ne le sais pas. Mais je suis persuadé que notre contribution dans le domaine de l'altruisme et de l'économie bénéficiera aux générations à venir. Je vous remercie.

APPENDICES

APPENDICE 1

Remerciements

Les éditeurs souhaitent remercier les nombreuses personnes qui ont contribué à l'organisation de cette conférence et à la réalisation de cet ouvrage.

Nous tenons tout d'abord à remercier Sa Sainteté le Dalaï-lama pour son soutien, son encouragement et ses conseils, ainsi que pour le temps qu'il a consacré avec enthousiasme à la cause de l'Institut Mind and Life. Sa sagesse, sa compassion et ses enseignements représentent pour nous une source constante d'inspiration dans nos travaux et nos vies.

Nous tenons également à témoigner notre profonde gratitude à tous nos intervenants et invités pour leur sagesse, leur bonté, leur générosité et les nombreuses journées de travail qu'ils ont consacrées à la préparation et à l'élaboration de cette conférence et de ce livre.

Nous adressons également nos remerciements aux nombreux amis qui ont contribué à la préparation du programme de la conférence en partageant leurs idées et leurs contacts, en particulier Nina Cenja et Anne Rüffer. Nous tenons à remercier tout particulièrement Thuptèn Jinpa, dont l'extraordinaire compétence et dévouement en tant que traducteur restent insurpassables.

Nous remercions profondément Diego Hangartner dont la patience et les conseils ont permis à ce livre de voir le jour, ainsi que pour sa direction éclairée des projets passionnants initiés dans le cadre du Mind and Life Europe.

De nombreuses personnes ont contribué à la réalisation de ce livre. Nous remercions Zara Houshmand et Kate Beddall pour leur excellent travail de rédaction durant les premières phases du projet. Janna White, chargée de la mise en forme du texte, a mis tout son dévouement et son savoir-faire pour donner une forme définitive à cet ouvrage. Sa participation constructive et judicieuse à l'élaboration du texte, sa collaboration active avec les auteurs et son travail de recherche et d'écriture de l'introduction ont été essentiels et hautement appréciés.

Les conversations avec Richard Layard et Bunker Roy ont contribué, pour une part, à l'élaboration de l'introduction ; qu'ils soient ici remerciés pour les précieuses perspectives qu'ils nous ont ouvertes. Lewis David et Andy Rotman ont fait des commentaires perspicaces sur l'introduction. Les traductions de John Dunne ont permis à tous nos lecteurs de comprendre les phrases tibétaines.

Nous sommes reconnaissants envers les nombreux collaborateurs, participants et tous ceux qui nous soutiennent, d'avoir fait en sorte que cette conférence puisse avoir lieu. Nous remercions l'université de Zurich pour avoir co-sponsorisé cette première conférence publique du Mind and Life en Europe, et plus particulièrement le Laboratory for Social and Neural Systems Research [Laboratoire de recherche sur les systèmes neuronaux et sociaux] créé par Ernst Fehr, Klaas Enno Stephan et Tania Singer ; ils jouent un rôle de pionniers dans le domaine émergeant de la neuroéconomie et ne ménagent pas leurs efforts pour introduire les notions de préférences sociales et d'émotions dans les modèles économiques.

Nous remercions également l'équipe de Tania Singer qui nous a aidés dans l'élaboration du programme de la conférence et a assisté le personnel de Mind and Life sur leur lieu de travail.

Nous remercions les mécènes de Mind and Life qui nous soutiennent activement ainsi que les sponsors « Gold » et « Silver » dont l'aide financière apportée à cet événement est cruciale. C'est grâce à l'attention minutieuse de l'équipe de Mind and Life que cette conférence a pu se tenir. Nous tenons à remercier plus particulièrement Nina Diller pour son soutien professionnel et le dévouement qu'elle porte à son travail, en Suisse.

Appendices

Les auteurs et les rédacteurs souhaitent que la sagesse et la compassion de tous les participants, ainsi que les connaissances et l'esprit portés par ce livre se répandent dans le monde entier et apportent le bonheur à tous les êtres.

APPENDICE II

L'Institut Mind and Life

Cet Institut a été fondé en 1987 par Sa Sainteté le Dalaï-lama, le regretté neuroscientifique Francisco Varela et l'avocat et homme d'affaires Adam Engle dans le but de favoriser un dialogue ouvert et une collaboration dans la recherche entre les sciences contemporaines, les traditions contemplatives existant dans le monde, la philosophie et les sciences humaines et sociales. Cet Institut repose sur le principe selon lequel la meilleure approche pour analyser et connaître l'esprit humain est celle d'une recherche intégrée et multidisciplinaire. Ce partenariat interdisciplinaire permet ainsi de développer une connaissance plus exhaustive de notre monde afin de soulager la souffrance et de promouvoir le bien-être sur la planète.

Depuis près de trente ans, l'Institut Mind and Life est devenu un leader mondial dans le développement de la recherche multidisciplinaire sur les effets des pratiques contemplatives sur le cerveau, la biologie humaine ou le comportement.

L'objectif de l'Institut Mind and Life est d'élargir et d'approfondir notre connaissance de l'esprit en s'appuyant sur des recherches scientifiques rigoureuses, des débats sur la nature de l'esprit et les facultés humaines ; il se propose d'atteindre ce but en faisant appel à la fois à des chercheurs et à des contemplatifs, et en faisant émerger une nouvelle génération de chercheurs.

L'Institut Mind and Life Europe fait partie intégrante de cette stratégie mondiale de développement et de soutien de la science et des études contemplatives à un niveau international et interdisciplinaire. Cet Institut a été fondé en 2008 pour répondre à l'intérêt croissant de différentes personnes et institutions. L'Institut Mind and Life Europe évalue les besoins, met en œuvre des stratégies et organise des programmes destinés à faire progresser l'étude de la conscience et des pratiques contemplatives dans toute l'Europe. Mind and Life Europe a organisé son premier débat public en avril 2010. Ce livre rend compte de cette première manifestation.

Programmes et initiatives

L'Institut Mind and Life tente d'établir des passerelles entre la sagesse, les pratiques contemplatives et les avancées de la recherche contemporaine. Il s'emploie à utiliser les connaissances qui s'en dégagent pour mettre en place et dynamiser des programmes destinés à soulager la souffrance et à soutenir l'épanouissement des êtres humains dans le monde entier. L'Institut sponsorise de nombreux programmes destinés à mettre en œuvre ces objectifs.

Dialogues avec Sa Sainteté le Dalaï-lama

Au cours des dernières années, l'Institut Mind and Life a organisé plus de 27 conférences publiques et privées avec le Dalaï-lama en Inde, aux États-Unis et en Europe. Les rencontres les plus connues, qui débutèrent en 1987, sont celles organisées deux fois par an avec le Dalaï-lama à Dharamsala. Depuis 2003, l'Institut Mind and Life a également tenu des conférences publiques. Pour consulter les rencontres passées et à venir, voir : http://www.mindandlife.org/dialogues/.

Publications

Douze comptes rendus des conférences avec le Dalaï-lama ont été publiés sous forme de livres, y compris ce dernier ouvrage, parmi lesquels : *Entraîner votre esprit, transformer votre cerveau*, de Sharon Begley (Ariane Éditions, 2008) ; *Surmonter les émotions destructrices*, de Daniel Goleman (Pocket, 2008) ; *L'esprit est son propre médecin* de Jon Kabat-Zinn et Richard Davidson (Les Arènes, 2014). Pour consulter la liste complète des publications de l'Institut Mind and Life, voir le lien suivant : www.mindandglife.org/publications.

Institut de recherche d'été

Depuis 2004, l'Institut de recherche d'été du Mind and Life (Summer Research Institute, SRI) a été organisé chaque année au Garrison Institute, à Garrison, dans l'État de New York. Les objectifs à long terme du SRI sont de promouvoir la formation d'une nouvelle génération de scientifiques spécialistes du développement, de neuroscientifiques spécialisés dans les fonctions cognitives et affectives, de chercheurs en psychologie clinique et appliquée et de pratiquants et érudits en sciences contemplatives. L'Institut Mind and Life Europe a organisé le premier séminaire de recherche d'été en 2014. Pour plus d'informations, consulter le lien suivant : http:// www.mindandlife.org/sri/.

Programmes de bourses pour la recherche

L'Institut Mind and Life a plusieurs programmes de bourses destinés à soutenir des projets en cours dans le domaine de la science contemplative dont le prix Varela, le 1440 Awards (en association avec la 1440 Foundation), et des bourses universitaires destinées aux études contemplatives. Ces prix ont permis la poursuite de plus de quatre-vingts initiatives pilotes de recherches très novatrices qui n'auraient pu être réalisées sans cette aide. Ces récompenses ont servi de tremplins, permettant à leurs bénéficiaires d'obtenir des bourses complémentaires substantielles accordées par des organismes de financement classiques. Pour en savoir davantage, consulter le lien : http:// www.mindandlife.org/grants/.

Symposium sur les études contemplatives

L'Institut Mind and Life et le Mind and Life Europe organisent tous deux un symposium semestriel consacré aux études contemplatives. Ces symposiums rassemblent des chercheurs qui présentent leurs exposés, leurs débats, et collaborent en réseau dans le domaine émergent des études contemplatives. Ces études comprennent les neurosciences, les sciences cliniques, la philosophie contemplative et les sciences humaines, l'éducation contemplative et l'économie, ainsi que certains domaines de la pratique contemplative associés à ces champs de recherche et d'érudition. Des informations complémentaires sur le futur symposium d'Études contemplatives sont disponibles en consultant les liens : http://www.internationalsympiosium.org/ (États-Unis) ; http:// www.european-symposium.org (Europe).

L'avenir de l'Institut Mind and Life

L'Institut Mind and Life entre dans une nouvelle phase de recherche et de développement qui se concentre sur l'application pratique et la communication. Les principaux thèmes des nouveaux projets de recherche sont : « Cartographie de l'esprit : passion, désir et dépendance » ; et « L'éthique laïque ». Ces nouvelles recherches sont fondées sur une demande du Dalaï-lama, soucieux de diffuser l'enseignement d'une éthique laïque dans le monde entier. L'ensemble de ces initiatives a pour but de favoriser l'épanouissement des êtres humains.

Outre ces projets de recherche, l'Institut Mind and Life s'engage à communiquer de manière systématique les résultats et les nouvelles perspectives qui se dégageront de ces recherches interdisciplinaires, de manière à ce qu'elles puissent être accessibles et mises en pratique par chacun d'entre nous.

APPENDICE III

Les intervenants

Sa Sainteté Tenzin Gyatso, le 14e Dalaï-lama, est le chef du bouddhisme tibétain et maître spirituel révéré dans le monde entier. Lauréat du prix Nobel de la paix en 1989, il est universellement respecté en tant qu'avocat d'une résolution compassionnelle et pacifique des conflits humains. Son intérêt personnel et enthousiaste pour les sciences est moins connu ; il est le cofondateur de l'Institut Mind and Life. Il a déclaré que s'il n'avait pas été moine, il aurait aimé être ingénieur. C'est avec un vif intérêt qu'il se tient au courant des nouvelles avancées scientifiques, ce qui lui permet de mettre en lumière à la fois les implications humanistes des découvertes et d'introduire un niveau élevé de subtilité méthodologique.

Daniel Batson, titulaire de doctorats en théologie et en psychologie, psychosociologue expérimental, professeur émérite à l'université du Kansas, il est l'auteur de *Altruism in Humans* [L'altruisme chez les êtres humains], (Oxford University Press, 2011). Ses recherches se concentrent sur l'existence de la motivation altruiste, les conséquences de la religion sur le comportement et la nature des émotions morales.

Richard Davidson, titulaire de doctorats en psychopathologie et psychophysiologie, est professeur de psychologie et de psychiatrie, et directeur du Waisman Laboratory for Brain Imaging and Behavior [Laboratoire Waisman d'imagerie cérébrale et comportementale] ; il est le fondateur et président du Centre d'investigation de l'équilibre de l'esprit à l'université de Wisconsin-Madison. Membre du comité directeur de l'Institut Mind and Life depuis 1991, il a été l'un des premiers chercheurs à étudier scientifiquement l'effet des pratiques contemplatives sur le cerveau.

John Dunne, titulaire d'un doctorat en études des religions, est maître de conférences au Département des religions de l'université d'Emory où il est également le cofondateur de l'Emory Collaborative for Contemplative Studies [Comité d'études contemplatives de l'université d'Emory]. Son travail se concentre sur différents aspects de la philosophie bouddhiste, sur les sciences cognitives et la pratique contemplative. Il intervient fréquemment comme traducteur des grands maîtres et érudits tibétains.

Ernst Fehr, titulaire d'un doctorat en économie, professeur de microéconomie et d'économie expérimentale est également directeur du département d'économie de l'université de Zurich. Ses recherches associent des perspectives sur l'économie, la psychologie sociale, la sociologie, la biologie et les neurosciences ; elles mettent en lumière les aspects sociologiques et psychologiques de l'économie moderne.

William (Bill) George, titulaire d'un master de gestion, est professeur de gestion à la Harvard Business School où il enseigne l'éthique et le développement des compétences en leadership. Il est l'ancien président du conseil d'administration et directeur général de Medtronic. Sous sa direction, la capitalisation de sa compagnie sur le marché passa de 1 à 60 milliards de dollars (780 millions d'euros à 46,8 milliards d'euros), ce qui représente une augmentation annuelle moyenne de 35 %.

Roshi Joan Halifax, titulaire d'un doctorat en anthropologie médicale, maître bouddhiste et prêtre zen, elle est l'auteure de plusieurs livres sur le bouddhisme, qu'elle enseigne. Elle est la cofondatrice et abbesse de l'Upaya Zen Center, monastère bouddhiste à Santa Fe, au Nouveau-Mexique. Son travail est fondé sur un bouddhisme engagé et mis en pratique dans le domaine du soin spirituel aux personnes en fin de vie.

Diego Hangartner, titulaire d'un doctorat en pharmacie, a fait ses études de pharmacologie à l'Institut fédéral suisse de technologie où il a effectué des recherches sur les médicaments psychotropes et leurs effets sur l'esprit. Après avoir découvert les méthodes bouddhistes d'analyse de l'esprit, il a passé onze ans à Dharamsala en Inde où il a appris le tibétain ; il a en outre travaillé comme traducteur du tibétain et a dirigé des ateliers scientifiques pour les moines. De 2009 à 2012, Diego a été directeur des opérations de l'Institut Mind and Life. Il est actuellement le directeur de l'Institut Mind and Life Europe.

William (Bill) Harbaugh, titulaire d'un doctorat en économie, est professeur d'économie à l'université de l'Oregon. Il a effectué des recherches sur les raisons qui incitent les gens à faire des dons à des œuvres caritatives. Dans son travail de recherche, Bill utilise des méthodes qui vont de la théorie économique à l'imagerie neuronale IRMf, afin de démontrer que le phénomène de la « chaude lueur intérieure » constitue une puissante motivation dans l'acte de donner.

Antoinette Hunziker-Ebneter, titulaire d'un master de gestion, est la directrice générale et la fondatrice de Forma Futura Inc. une compagnie indépendante de gestion d'actifs spécialisée dans les projets d'investissements faisant preuve d'une gestion responsable et d'une implication sociale et environnementale. Au début de sa carrière elle a dirigé la Bourse suisse et a été directrice générale de Virt-X, la première place boursière pan-européenne.

Thuptèn Jinpa, a fait ses études dans le système monastique bouddhiste traditionnel et a reçu le plus haut titre académique de *Geshe Lharam* (équivalent d'un doctorat en théologie). Jinpa est également licencié en philosophie et titulaire d'un doctorat en études religieuses de l'université de Cambridge au Royaume Uni.

Depuis 1985, il est le traducteur principal de Sa Sainteté le Dalaï-lama. Il est également le directeur général de l'Institute of Tibetan Classics à Dharamsala et le président du conseil d'administration de l'Institut Mind and Life.

Lord Richard Layard, titulaire d'un doctorat en économie, est professeur émérite d'économie à la London School of Economics. Il a été le fondateur et directeur du Centre for Economic Performance et dirige actuellement le Wellbeing Programme. Ses travaux sur le chômage, l'enfance, la santé mentale et le bien-être ont influencé les politiques gouvernementales menées en Grande-Bretagne et ailleurs dans le monde.

Matthieu Ricard, est moine bouddhiste rattaché au monastère de Shechen, à Katmandou, au Népal. Il est titulaire d'un doctorat en génétique cellulaire de l'Institut Pasteur. Il a étudié et pratiqué le bouddhisme auprès d'éminents maîtres tibétains, Kangyur Rinpoché et Dilgo Khyentsé Rinpoché ; il est en outre le traducteur de Sa Sainteté le Dalaï-lama depuis 1989. Écrivain et photographe prolixe, il consacre les revenus de ses livres et une grande partie de son temps à Karuna-Shechen, organisation humanitaire qu'il a fondée et qui regroupe de nombreux projets au Tibet, au Népal et en Inde.

Sanjit « Bunker » Roy est un éducateur indien, un entrepreneur social et un activiste. Il est le fondateur du Barefoot College, le Collège aux pieds nus, un centre d'éducation alternative et informelle, qui s'appuie sur le principe d'un savoir-faire traditionnel et autochtone pour résoudre les problèmes ruraux. Son modèle éducatif innovant a été adopté dans cinquante-quatre pays, la plupart en Afrique.

Gert Scobel, titulaire d'une maîtrise de lettres, a étudié la théologie et la philosophie à Francfort ainsi qu'à la Graduate Theological Union à Berkeley en Californie. En 1988, il est entré à l'ARD*, la plus importante chaîne de télévision et de radio publique allemande en tant que producteur de documentaires et présentateur de différents programmes scientifiques et culturels. Son programme hebdomadaire intitulé « Scobel » sur la chaîne 3Sat** aborde des thèmes qui traitent de la science, de la culture et des problèmes sociaux. Il est l'auteur de deux livres pour enfants et d'un atlas de la sagesse.

Joan Silk, titulaire d'un doctorat en anthropologie, est professeur à la School of Human Evolution and Social Change à l'université d'État de l'Arizona et ancienne directrice du Département d'anthropologie de l'université de Californie, à Los Angeles. Elle s'intéresse à la façon dont la sélection naturelle structure l'évolution du comportement social chez les primates, ainsi qu'aux origines évolutionnistes des facultés qui jouent un rôle crucial dans les sociétés humaines, telles que la réconciliation, la coopération, l'amitié, l'investissement paternel et les sentiments pro-sociaux.

Tania Singer, titulaire d'un doctorat en psychologie. Depuis 2010, Tania Singer, chercheuse en neurosciences, est directrice du Département des neurosciences sociales à l'Institut Max-Planck de neurologie et sciences cognitives humaines, à Leipzig. Ses recherches portent sur les fondements neuronaux, hormonaux et développementaux de la connaissance sociale, des facultés de régulation de l'émotion ainsi que sur le rôle de la motivation et de l'émotion dans la prise de décision sociale. Elle étudie également les effets de l'entraînement de l'esprit et de la méditation sur le cerveau et la plasticité subjective et comportementale. Tania fait partie du comité de l'Institut Mind and Life.

Arthur Vayloyan, titulaire d'un doctorat de physique-chimie, a occupé divers postes exécutifs au Crédit suisse, de 1992 à 2012.

---

*. L'ARD est un groupement public allemand de neuf radiodiffuseurs régionaux.

**. La 3Sat est une chaîne de télévision généraliste internationale, publique et germanophone, réunissant des groupes allemands, autrichiens et suisses.

Ancien membre du Private Banking Management Committee [Conseil d'administration des banques privées], il a récemment dirigé l'organisation du Private Banking Switzerland [Association des Banques privées suisses] ainsi que le Global External Asset Managers [Département de la gestion des actifs externes mondiaux]. Il s'intéresse plus particulièrement à la nanotechnologie, à l'innovation et au microcrédit.

Notes

1. Le concept de la main invisible a été élaboré par le philosophe et économiste écossais Adam Smith (1723-1790). Selon cette théorie, les actions guidées uniquement par l'intérêt personnel peuvent contribuer au bien-être et à la richesse de tous. *(N.d.T.)*
2. Pour de plus amples informations sur l'Institut Mind and Life, veuillez consulter le site : www.mindandlife.org.
3. Kasser (T.), *The High Price of Materialism*, Cambridge, The MIT Press, 2003.
4. Smith (A.), *Recherches sur la nature et les causes de la richesse des nations*, Paris, Flammarion, coll « GF-Flammarion », 1999.
5. Edgeworth (F. Y.), *Mathematical Psychics, an Essay on the Application of Mathematics to the Moral Sciences* (1881), New York, A. M. Kelley Publishers, 1967.
6. Stiglitz (J. E.), *Le prix de l'inégalité*, Paris, Les Liens qui Libèrent, 2012.
7. Pour de plus amples informations sur les publications et les recherches de l'Institut Mind and Life, voir l'appendice II.
8. La Rochefoucauld (F. de), *Réflexions ou sentences et maximes morales* (1665), Paris, Champion, 2002.
9. Mandeville (B.), *La Fable des abeilles* (1732), Berg International, 2013.
10. Comme nous l'avons fait remarquer dans l'introduction, ce chapitre présente certaines différences avec les communications faites par Tania à Zurich. Lors de cette conférence, Tania a fait deux communications qui ont été rassemblées en un seul chapitre dans cet ouvrage. Tania a poursuivi les recherches qu'elle avait exposées lors de cette conférence. Elle a donc mis à jour le texte et les graphiques de ce chapitre de façon à présenter des données nouvelles et plus précises.
11. Les amygdales cérébelleuses sont deux noyaux situés chacun dans un hémisphère, au niveau du cerveau limbique, sous le cortex. *(N.d.T.)*
12. Selon le bouddhisme, les quatre *brahmâvihâra* sont les vertus suivantes : la bonté ou bienveillance, la compassion, la joie et l'équanimité.
13. Cet accident a eu lieu en août 1996 au Brookfield Zoo, dans la ville de Brookfield située dans l'État de l'Illinois. La femelle gorille s'appelait

Binti Jua. Un incident analogue s'est produit en 1986, au zoo de Jersey, entre un jeune garçon et un gorille appelé Jambo.

14. Stigler (G. J.) « Economics or Ethics ? », dans *The Tanner Lectures on Human Values*, vol. 2, sous la direction de Sterling McMurrin, Cambridge, Cambridge University Press, 1981.
15. Williamson (O. E.), *The Economic Institutions of Capitalism*, New York, Free Press, 1998, p. 47.
16. Dans une autre expérience, Ernst Fehr décrit plus en détail cette sanction altruiste. L'expérimentateur demande aux participants de contribuer anonymement à hauteur de un euro chacun afin qu'une amende de trois euros soit infligée aux profiteurs. Fehr veut démontrer ainsi que les participants sont prêts à dépenser une certaine somme pour faire respecter la justice. *(N.d.T.)*
17. Wylie : *kun slong.*
18. Wylie : *gzhan phan gyi kun slong.*
19. Wylie : *spyod 'jug.*
20. En sanskrit : *yadâ mama pareshâm ca tulyam eva sukham priyam/ tadâtmanah ko vishesho yenâtraiva sukhodyamah.* Référence sanskrite : *Buddhist Sanskrit Texts* n° 12, publié par P. L. Vaidya, Darbhanga, The Mithila Institute of Postgraduate Studies and Research, chapitre 8, verset 95. Publié en français sous le titre *La Marche vers l'Éveil*, aux Éditions Padmakara, en 1991.
21. Wylie : *ma gyur sems can thams cad.*
22. En sanskrit : *ye kecid dukhitâ loke sarve te svasukhecchayâ/ ye kecit sukhitâ loke sarve te 'nyasukheccahyâ.* Ibid. *La Marche vers l'Éveil*, chapitre VIII, verset 129.
23. Wylie : *'phags pa'i nor bdun.*
24. Heim (M.), *Theories of the Gift in South Asia*, Londres, Routledge, 2004.
25. Rotman (A.), *Thus Have I Seen : Visualizing Faith in Early Indian Buddhism*, New York, Oxford University Press, 2008.
26. Wylie : *sbyin pa gtong ba.*
27. La Théorie des jeux, utilisée en économie et en sciences politiques, est un ensemble d'outils permettant d'analyser des situations dans lesquelles l'action optimale pour un agent dépend des anticipations qu'il forme sur la décision d'un autre agent. L'objectif de cette théorie est la modélisation des éventuelles circonstances qui peuvent se présenter en contexte économique et politique. *(N.d.T.)*
28. Le complément entre la part donnée par le participant et l'argent reçu par la banque alimentaire est remis par une tierce personne. Pour de plus amples détails sur le protocole, voir chapitre 6. *(N.d.T.)*
29. Dans une communication plus détaillée intitulée « Neural Responses to Taxation and Voluntary Giving », William Harbaugh explique que la moitié des dix-neuf participants de cette expérience avait le choix de

faire une donation volontaire à une organisation caritative et l'autre moitié, également choisie au hasard, était soumise à une taxation, c'est-à-dire à un prélèvement partiel sur les 75 euros qui avaient été alloués à toutes les participantes. Dans le cas de figure de la taxation, une partie de la somme allouée était versée à l'organisation caritative et le reliquat transféré au participant.

30. Herrmann (B.), Thöni (C.) et Gächter (S.), « Antisocial Punishment Across Societies » [« Punitions antisociales dans diverses sociétés »], *Science* 319, (5868), 2008, p. 1362-1367.
31. Depuis l'époque de cette conférence, on a atteint le chiffre de 7 milliards même si l'on ne connaît pas la date exacte de cette étape importante. Selon les Nations unies, le bébé qui serait né le 31 octobre 2011 serait le sept milliardième habitant de la planète. Voir BBC World News, 2011, « Population seven billion : UN sets out challenges » [« Une population de sept milliards : Les Nations unies exposent les défis »]. Voir lien http://www.bbc.co.uk/news/world-1545943.
32. Chaia (A.), Goland (T.), et Schiff (R.), « Counting the World Unbanked » [« Décompte des hommes, dans le monde, sans accès aux services bancaires »], McKinsey Quarterly, 2010. Voir lien : http:// www. Mckinsey quaterly.com/ Counting_the_worlds_ unbanked_2552.
33. Pratique connue en Afrique sous le nom de tontine, mais également répandue dans les sociétés asiatiques depuis des siècles. Sous sa forme traditionnelle, la tontine, ancêtre de la microfinance, est une association de personnes unies par des liens familiaux, de clan, de profession ou de région, mettant en commun leur épargne en vue de résoudre des problèmes particuliers ou collectifs. *(N.d.T.)*
34. Source : responsAbility.
35. Bourguignon (F.), Morrisson (C.), « Inequality among World Citizens : 1820-1992 » [« L'inégalité parmi les citoyens du monde »], *The American Economic Review* 92(4), 2002, p. 727-744. Voir lien : http://www.jstor.org/stable/3083279.
36. La Doon School, fondée en 1935, est un prestigieux pensionnat pour garçons établi à Dehradun en Inde. Il compte parmi ses anciens élèves de nombreux politiciens, universitaires et hommes d'affaires appartenant à l'élite et, plus particulièrement, Rajiv Gandhi, l'ex-Premier ministre.
    Le Panchen-lama est le plus haut dignitaire dans le bouddhisme tibétain, après le Dalaï-lama.
37. Le St. Stephen's College, fondé en 1881, était à l'origine une université chrétienne. Comme la Doon School, c'est une institution prestigieuse qui compte de brillants anciens élèves.
38. Plus de 2 500 personnes moururent lors de la grande famine qui ravagea l'État septentrional du Bihar entre 1965 et 1967. Jayaprakash

Narayan, originaire du Bihar, était un activiste et leader politique très connu.

39. Medtronic est une société américaine de Minneapolis, ayant des filiales dans le monde entier, et spécialisée dans le développement de technologies et de thérapies médicales de pointe destinées à traiter les maladies chroniques, telles que le diabète, la maladie de Parkinson, les maladies cardio-vasculaires, etc. *(N.d.T.)*
40. Le Vinaya est un ensemble de textes qui définissent les préceptes et les codes de conduite des membres de la communauté monastique.
41. Wylie : *ma gyur sems can tham cad.*
42. Le mot hindi *dahl* désigne des lentilles qui, avec le riz, constituent le plat de base des Indiens.
43. Le *chapati* est une galette de blé sans levain qui agrémente aussi le plat de base de tout Indien.
44. Wylie : *'dod chung chog shes.*

Sources des illustrations

Figure 1. L'empathie opposée à l'altruisme
Source : D'après Batson, C. D., B. Duncan, P. Ackerman, T. Buckley, et K. Birch. 1981 « Is empathic emotion a source of altruistic motivation ? » *Journal of Personality and Social Psychology* 40: 290-302, table 3.

Figure 2 : Comprendre les émotions d'autrui
Source : D'après : Singer, T. et G. Hein. 2012. « Empathy in humans and animals : An integrative approach ». Dans *The Primate Mind*, édité par F.B.M. de Waal et P.F. Ferrari. Cambridge : Harvard University Press.

Figure 3. Douleur et empathie
Source : D'après Lamm, C., J. Decety et T. Singer. 2011. "Meta-analytic evidence for common and distinct neural networks associated with directly experienced pain and empathy for pain." *NeuroImage* 54 (3) : 2492-2502

Figure 4 :
Source : D'après Bernhardt, B. C., et T. Singer. 2012. « The Neural Basis for empathy » *Annual Review of Neuroscience* 35 : 1-23

Figure 5 : Plasticité de la compassion dans le cerveau
Source : D'après Klimecki, O. M., S. Leiberg, C. Lamm et T. Singer. 2012. « Functional neural plasticity and associated changes in positive affect after compassion training. » *Cerebral Cortex*. Advanced Online Publication. doi: 10. 1093/cercor/bhs 142.

Figure 6. Voxel-Wise 3. Interaction : détermination de la valence émotionnelle chez deux groupes donnés.
Source : Lutz, A., J.A. Brefczynski-Lewis, T. Johnstone et R. J. Davidson. 2008. « Regulation of the neural circuitry of emotion by compassion meditation : Effects of meditative expertise. » *PLoS ONE* 3 (3): e 1897. doi 10. 1371/journal.pone.0001897.

Source des illustrations

Figure 18 : Égalité et confiance vont de pair
Source : Wilkinson, R., et K. Pickett. 2009. *The Spirit Level :Why More Equal Societies Almost Always Do Better.* Londres : Allen Lane/penguin, 52

Figure 19 : La fonction du don altruiste
Source : Harbaugh, William, Ulrich Mayr et Daniel Burghart. 2007. "Neural Responses to Taxation and Volontary Giving Reveal Motives for Charitable Donations." *Science* 316: 1622. Doi: 10. 1126/science. 1140738.

Figure 20 :
Source : Fehr, Ernst et Simon Gächter. 2000. « Cooperation and Punishment in Public Goods Experiments. » *American Economic Review* 90 (4): 980-94.

Figure 21 : Hiérarchie des besoins financiers
Source : Forma Futura Invest Inc.

Figure 22: Quatre (R)évolutions mondiales
Source : Otto Scharmer

Figure 23 : Le monde s'est amélioré
Source : Banque mondiale 2008, http://data.worldbank.org/topic/poverty.

Figure 24 : La microfinance

Photos 25, 26, 27 : © Matthieu Ricard

DEUXIÈME PARTIE
RECHERCHES ÉCONOMIQUES SUR L'ALTRUISME ET LE COMPORTEMENT PRO-SOCIAL

TROISIÈME PARTIE
INTRODUIRE LA PRO-SOCIALITÉ DANS LES SYSTÈMES ÉCONOMIQUES

Cet ouvrage a été achevé d'imprimer sur Roto-Page
par l'Imprimerie Floch à Mayenne
en mars 2015
N° d'impression : 88197
Dépôt légal : avril 2015
ISBN : 9782370730473

Imprimé en France